COLLINS GEM

Greek

PHRASE FINDER

D1589700

HarperCollins*Publishers*

CONSULTANT
Translexis Ltd

First published 1994
Copyright © HarperCollins Publishers
Reprint 10 9 8 7 6 5 4 3 2 1
Printed in Great Britain

ISBN 0 00-470685-4

Your *Collins Gem Phrase Finder* is designed to help you
locate the exact phrase you need in any situation, whether
for holiday or business. If you want to adapt the phrases, we
have made sure that you can easily see where to substitute
your own words (you can find them in the dictionary
section), and the clear, alphabetical, two-colour layout gives
you direct access to the different topics.

The *Phrase Finder* includes:

■ Over 70 topics arranged alphabetically from
  ACCOMMODATION to **WORK**. Each phrase is accompanied
  by a simple pronunciation guide which ensures that
  there's no problem over pronouncing the foreign words.

■ Practical hints and useful vocabulary highlighted in
  boxes. Where the English need appear first in the box,
  this indicates vocabulary you may need. Where the red
  Greek words appear first, these are words you are more
  likely to see written on signs and notices.

| WORDS APPEARING IN BLACK | WORDS APPEARING IN RED |
| ARE ENGLISH WORDS | ARE GREEK WORDS |

■ Possible phrases you may hear in reply to your questions.
  The foreign phrases appear in red.

■ A clearly laid-out dictionary section: English words
  appear in black and Greek words appear in red.

■ A basic grammar section which will enable you to build
  on your phrases.

It's worth spending time before you embark on your travels
just looking through the topics to see what is covered and
becoming familiar with what might be said to you.

Whatever the situation, your *Phrase Finder* is sure to help!

CONTENTS

LIST OF TOPICS

*In the pronunciation system used in this book, Greek sounds are represented by spellings of the nearest possible sounds in English. When you read the pronunciation – the phrase in italics below the Greek phrase – sound the letters as if you were reading English. The vowel(s) in **heavy italics** show where the stress falls in the word (in the Greek script it is marked with an accent). Where two vowels are stressed, i.e., **eeo**, **eea**, run them together. Also bear in mind that in the phonetics, the g is always hard, even if followed by ee. The following notes should help:*

	REMARKS		EXAMPLE	PRONOUNCED
gh	like **r** at back of throat		γάλα	**gh**ala
dh	like **th** in this		δάκτυλος	**dh**akteelos
th	like **th** in thin		θέατρο	**th**eatro
ks	like **x** in fox		ξένος	**ks**enos
r	slightly trilled **r**		ρόδα	**r**odha
kh	like **ch** in loch		χάνω	**kh**ano
	or like a rough **h**		χέρι	**kh**eree

Here are a few tricky letter combinations:

αι	m<u>e</u>t	**e**	γυναίκα	gheen**e**ka
αυ	c<u>afé</u>	**af**	αυτό	**af**to
	or h<u>av</u>e	**av**	αύριο	**a**vreeo
ει	m<u>ee</u>t	**ee**	είκοσι	**ee**kosee
ευ	<u>ef</u>fect	**ef**	Δευτέρα	dh**ef**tera
	or <u>ev</u>ery	**ev**	Ευρώπη	**ev**ropee
γγ	ha<u>ng</u>	**ng**	Αγγλία	angl**ee**a
γκ	<u>g</u>et	**g**	γκάζι	**g**azee
	ha<u>ng</u>	**ng**	αγκυρα	a**ng**eera
ντ	ha<u>nd</u>	**nd**	αντίο	a**nd**eeo
	<u>d</u>og	**d**	ντομάτα	**d**omata
μπ	<u>b</u>ag	**b**	μπλούζα	**b**looza
οι	m<u>ee</u>t	**ee**	πλοίο	pl**ee**o
ου	m<u>oo</u>n	**oo**	ούζο	**oo**zo

*The letters η, ι, υ, οι, and ει have the same sound **ee** and αι and ε have the same sound **e** (as in m**e**t). You should also note that the Greek question mark is a semi-colon, i.e. ;.*

It is best to book accommodation in advance, particularly in the more popular resorts in high season. If you do get stuck for a place to stay a branch of the Greek Tourist Organisation (or Cyprus Tourism Organisation in Cyprus) may be able to help.

ΞΕΝΟΔΟΧΕΙΟ	HOTEL
ΔΩΜΑΤΙΑ	ROOMS (often in private houses)
ΠΛΗΡΕΣ	FULL UP
ΠΑΝΣΙΟΝ	GUESTHOUSE

Do you have a list of accommodation?
Έχετε κατάλογο των ξενοδοχείων;
ekhete katalogho ton ksenodhokheeon

Is there a hotel here?
Υπάρχει ξενοδοχείο εδώ;
eeparkhee ksenodhokheeo edho

Do you have any vacancies?
Έχετε ελεύθερα δωμάτια;
ekhete elefthera dhomatea

Do I have to book?
Πρέπει να κλείσω δωμάτιο;
prepee na kleeso dhomateeo

I want a room...
Θέλω ένα δωμάτιο...
thelo ena dhomateeo...

double
δίκλινο
dheekleeno

single
μονόκλινο
monokleeno

for three people
τρίκλινο
treekleeno

with bath
με μπάνιο
me baneeo

with shower
με ντους
me doos

with a double bed
με διπλό κρεβάτι
me dheeplo krevatee

twin-bedded
με δύο κρεβάτια
me dheeo krevateea

with an extra bed for a child
με τρίτο κρεβάτι για το παιδί
me treeto krevatee ya to pedhee

We'd like two rooms next to each other
Θα θέλαμε δύο δωμάτια, το ένα δίπλα στο άλλο
tha thelame dheeo dhomateea to ena dheepla sto alo

CONT.

A room looking onto the sea
Ένα δωμάτιο που να βλέπει στη θάλασσα
ena dhomateeo poo na vlepee stee thalasa

We'd like to stay ... nights
Θα θέλαμε να μείνουμε ... νύκτες
tha thelame na meenoome ... neektes

from ... till...
από ... μέχρι...
apo ... mekhree...

I will confirm...
Θα επιβεβαιώσω την κράτηση...
tha epeeveveoso teen krateesee...

by letter
με γράμμα
me ghrama

by fax
με φαξ
me fax

How much is it...?
Πόσο κοστίζει...;
poso kosteezee...

per night
τη νύχτα
tee neekhta

per week
τη βδομάδα
tee vdhomadha

for half board
με ημιδιατροφή
me eemeedheeatrofee

for full board
με πλήρη διατροφή
me pleeree dheeatrofee

Is breakfast included?
Το πρωινό περιλαμβάνεται στην τιμή;
to proeeno pereelamvanete steen teemee

Have you anything cheaper?
Έχετε τίποτα φθηνότερο;
ekhete teepota ftheenotero

Can you suggest somewhere else?
Μπορείτε να προτείνετε κάπου αλλού;
boreete na proteenete kapoo aloo

■ YOU MAY HEAR

Είμαστε γεμάτοι
eemaste yematee
We're full up

Για πόσες νύχτες;
ya poses neekhtes
For how many nights?

Το όνομά σας, παρακαλώ;
to onoma sas parakalo
Your name, please?

Το διαβατήριο σας;
to dheeavateereeo sas
Your passport?

■ CAMPING ■ HOTEL ■ SIGHTSEEING & TOURIST OFFICE

I want to speak to someone in your accounts department
Θέλω να μιλήσω με κάποιον από το λογιστήριο
thelo na meeleeso me kapeeon apo to loyeesteereeo

It's regarding invoice number...
Είναι σχετικά με τον αριθμό τιμολογίου...
eene sketeeka me ton areethmo teemoloyeeoo...

I think that there is an error
Νομίζω ότι έχει γίνει λάθος
nomeezo otee ekhee yeenee lathos

We are still waiting for the invoice to be settled
Ακόμη περιμένουμε να τακτοποιηθεί το τιμολόγιο
akomee pereemenoome na taktopee-eethee to teemoloyeeo

Please supply a credit note and new invoice
Παρακαλώ χορηγήστε μου ένα πιστωτικό σημείωμα και νέο τιμολόγιο
parakalo khoreeyeeste moo ena peestoteeko seemeeoma ke neo teemoloyeeo

Please address the invoice to... (name of person)
Παρακαλώ στείλτε το τιμολόγιο στον...
parakalo steelte to teemoloyeeo ston...

Our address is...
Η διεύθυνσή μας είναι...
ee dhee-eftheensee mas eene...

The goods should be accompanied by an invoice
Τα αγαθά πρέπει να συνοδεύονται από τιμολόγιο
ta aghatha prepee na seenodhevonde apo teemoloyeeo

Please state content and value of the consignment
Παρακαλώ αναφέρατε το περιεχόμενο και την αξία των εμπορευμάτων
parakalo anaferate to peree-ekhomeno ke teen akseea ton emborevmaton

■ NUMBERS ■ TELEPHONE

Most signs are in Greek and English and you may go through the airport without having to speak any Greek. Here are a few signs you will find useful to know. If you plan to arrive at Athens on a non-Greek carrier and have a domestic flight to catch, remember the latter may well operate out of a different terminal on the opposite side of the airport.

ΑΦΙΞΕΙΣ	ARRIVALS
ΕΛΕΓΧΟΣ ΔΙΑΒΑΤΗΡΙΩΝ	PASSPORT CONTROL
ΔΙΑΒΑΤΗΡΙΑ ΕΟΚ	EC PASSPORT HOLDERS
ΕΠΙΣΤΡΟΦΗ ΑΠΟΣΚΕΥΩΝ	BAGGAGE RECLAIM
ΤΕΛΩΝΕΙΑΚΟΣ ΕΛΕΓΧΟΣ	CUSTOMS CONTROL
ΤΙΠΟΤΕ ΠΡΟΣ ΔΗΛΩΣΗ	NOTHING TO DECLARE
ΑΓΑΘΑ ΠΡΟΣ ΔΗΛΩΣΗ	ARTICLES TO DECLARE
ΕΙΣΟΔΟΣ	ENTRANCE
ΕΞΟΔΟΣ	EXIT
ΤΟΥΑΛΕΤΕΣ	TOILETS
ΣΗΜΕΙΟ ΣΥΝΑΝΤΗΣΗΣ	MEETING POINT

Where is the luggage for the flight from...?
Πού βρίσκονται οι αποσκευές της πτήσης από...;
poo vreeskonde ee aposkeves tees pteesees apo...

Where can I change some money?
Πού μπορώ να αλλάξω χρήματα;
poo boro na alakso khreemata

How do I get to...?
Πώς θα πάω στο...;
pos tha pao sto...

How much is a taxi...?	**into town**	**to the hotel**
Πόσο κάνει το ταξί...;	για την πόλη	για το ξενοδοχείο
poso kanee to taksee...	*ya teen polee*	*ya to ksenodhokheeo*

Is there a bus to the city centre?
Υπάρχει λεωφορείο για το κέντρο της πόλης;
eeparkhee leoforeeo ya to kendro tees polees

■ BUS ■ LUGGAGE ■ TAXI

ΑΝΑΧΩΡΗΣΕΙΣ	**DEPARTURES**
ΚΑΡΤΑ ΕΠΙΒΙΒΑΣΗΣ	**BOARDING CARD**
ΘΥΡΑ ΕΠΙΒΙΒΑΣΗΣ	**BOARDING GATE**
ΕΛΕΓΧΟΣ ΑΠΟΣΚΕΥΩΝ	**CHECK-IN**
ΠΤΗΣΗ	**FLIGHT**
ΚΑΘΥΣΤΕΡΗΣΗ	**DELAY**

Where do I check in for the flight to...?
Πού γίνεται ο έλεγχος αποσκευών για την πτήση προς...;
poo yeenete o elenhos aposkevon ya teen pteesee pros...

Which is the departure gate for the flight to...?
Πού βρίσκεται η θύρα επιβίβασης για την πτήση προς...;
poo vreeskete ee theera epeeveevasees ya teen pteesee pros...

■ YOU MAY HEAR

Η επιβίβαση θα γίνει στη θύρα αριθμός...
ee epeeveevasee tha yeenee stee theera areethmos...
Boarding will take place at gate number...

Τελευταία αναγγελία για την πτήση...
teleftea anangeleea ya teen pteesee...
Last call for passengers on flight...

Η πτήση σας έχει καθυστέρηση
ee pteesee sas ekhee katheestereesee
Your flight is delayed

■ IF YOU NEED TO CHANGE OR CHECK ON YOUR FLIGHT

I want...	**to change**	**to cancel**	**my reservation**
Θέλω...	να αλλάξω	να ματαιώσω	την κράτησή μου
thelo...	*na alakso*	*na mateoso*	*teen krateesee moo*

I want to reconfirm my flight to...
Θέλω να επιβεβαιώσω την πτήση μου προς...
thelo na epeeveveoso teen pteesee moo pros...

Is the flight to ... delayed?
Έχει καθυστέρηση η πτήση προς...;
ekhee katheestereesee ee pteesee pros...

Greek is spelt exactly as it sounds. The only difficulty may occur with letters which have the same sound, eg. υ, η, ι or ει or even οι and with double consonants.

The names of the 24 letters of the Greek alphabet are given below:

			SOUND
α, Α	άλφα	**a**lfa	ah
β, Β	βήτα	**vee**ta	vee
γ, Γ	γάμα	**gh**ama	gh
δ, Δ	δέλτα	**dh**elta	dh
ε, Ε	έψιλον	**e**pseelon	eh
ζ, Ζ	ζήτα	**zee**ta	z
η, Η	ήτα	**ee**ta	ee
θ, Θ	θήτα	**th**eeta	th
ι, Ι	γιώτα	**yo**ta	ee
κ, Κ	κάπα	**ka**pa	k
λ, Λ	λάμδα	**l**amdha	l
μ, Μ	μι	**m**ee	m
ν, Ν	νι	**n**ee	n
ξ, Ξ	ξι	**ks**ee	ks
ο, Ο	όμικρον	**o**meekron	oh
π, Π	πι	**p**ee	p
ρ, Ρ	ρο	**r**o	r
σ, ς, Σ	σίγμα	**see**ghma	s
τ, Τ	ταυ	**t**af	t
υ, Υ	ύψιλον	**ee**pseelon	ee
φ, Φ	φι	**f**ee	f
χ, Χ	χι	**kh**ee	kh
ψ, Ψ	ψι	**ps**ee	ps
ω, Ω	ωμέγα	**om**egha	oh

Yes
Ναι
ne

No
Όχι
okhee

OK
Εντάξει
endaksee

Please
Παρακαλώ
parakalo

Don't mention it
Παρακαλώ
parakalo

Of course
Βεβαίως
veveos

Thank you
Ευχαριστώ
efkhareesto

Thanks very much
Ευχαριστώ πολύ
efkhareesto polee

With pleasure!
Μετά χαράς
meta kharas

Sir / Mr
Κύριε
keeree-e

Madam / Mrs / Ms
Κυρία
keereea

Miss
Δεσποινίς
dhespeenees

Excuse me! *(to catch attention)*
Με συγχωρείτε!
me seeghkhoreete!

Excuse me / sorry
Συγνώμη
seeghnomee

Pardon?
Ορίστε;
oreeste

I don't know
Δεν ξέρω
dhen ksero

I don't understand
Δεν καταλαβαίνω
dhen katalaveno

Do you understand?
Καταλαβαίνετε;
katalavenete

Do you speak English?
Μιλάτε αγγλικά;
meelate angleeka

I speak very little Greek
Μιλώ πολύ λίγα ελληνικά
meelo polee leegha eleeneeka

Please repeat that?
Μπορείτε να το επαναλάβετε;
boreete na to epanalavete

It doesn't matter
Δεν πειράζει
dhen peerazee

May I...?
Μπορώ να...;
boro na...

Do you have...?
Έχετε...;
ekhete...

I want...
Θέλω...
thelo...

We want...
Θέλουμε...
theloome...

13

Is there a good beach near here?
Υπάρχει μία καλή παραλία εδώ κοντά;
eeparkhee meea kalee paraleea edho konda

sandy
με άμμο
me amo

Can I get there...?
Μπορώ να πάω εκεί..;
boro na pao ekee...

by bus
με λεωφορείο
me leoforeeo

by car
με αυτοκίνητο
me aftokeeneeto

by moped
με μοτοποδήλατο
me motopodheelato

Does it have...?
Έχει...;
ekhee...

toilets
τουαλέτες
tooaletes

a restaurant
εστιατόριο
esteeatoreeo

a lifeguard
ναυαγοσώστης
navaghosostees

Can I hire...?
Μπορώ να νοικιάσω...;
boro na neekeeaso...

a deckchair
μία ξαπλώστρα
meea ksaplostra

an umbrella
μία ομπρέλα
meea ombrela

scuba diving equipment
στολή καταδύσεων
stolee katadheeseon

a mask and snorkel
μάσκα και αναπνευστήρα
maska ke anapnefsteera

a speedboat
κρις-κραφτ
kreeskraft

a pedalo
θαλάσσιο ποδήλατο
thalaseeo podheelato

Is it safe for children?
Είναι ασφαλές για τα παιδιά;
eene asfales ya ta pedheea

Are there strong currents?
Υπάρχουν δυνατά ρεύματα;
eeparkhoon dheenata revmata

Is it a nudist beach?
Είναι παραλία γυμνιστών;
eene paraleea yeemneeston

With its many islands, ferries are an important means of transport in Greece. The centre of the ferry network is the port of Piraeus. Hydrofoils – ιπτάμενο δελφίνι (eeptameno dhelfeenee) 'flying dolphins' – operate out of Piraeus to the nearer islands.

When is the next boat to...?
Πότε φεύγει το επόμενο πλοίο για...;
pote fevyee to epomeno pleeo ya...

Have you a timetable?
Έχετε ωρολόγιο πρόγραμμα;
ekhete oroloyeeo programa

Is there a boat to...?
Υπάρχει πλοίο για...;
eeparkhee pleeo ya...

How much is a ticket...?
Πόσο κάνει ένα εισιτήριο...;
poso kanee ena eeseeteereeo...

single	**return**
απλό	με επιστροφή
aplo	*me epistrofee*

A tourist ticket
Ένα τουριστικό εισιτήριο
ena tooreesteeko eeseeteereeo

How long is the journey?
Πόσο διαρκεί το ταξίδι;
poso dheearkee to takseedhee

What time do we get to...?
Τι ώρα φτάνουμε στο...;
tee ora ftanoome sto...

Where does the boat leave from?
Από πού φεύγει το πλοίο;
apo poo fevyee to pleeo

When is...?
Πότε είναι...;
pote eene...

the first...
το πρώτο...
to proto...

the last...
το τελευταίο...
to telefteo...

hydrofoil	**boat**	**ferry**
ιπτάμενο δελφίνι	πλοίο	φέριμποτ
eeptameno dhelfeenee	*pleeo*	*fereebot*

Is there a restaurant / snack bar on board?
Υπάρχει εστιατόριο / αναψυκτήριο στο πλοίο;
eeparkhee esteeatoreeo / anapseekteereeo sto pleeo

ankle	ο αστράγαλος	astraghalos
arm	το μπράτσο	bratso
back	η πλάτη	platee
bone	το κόκκαλο	kokalo
chin	το πηγούνι	peeghoonee
ear	το αυτί	aftee
elbow	ο αγκώνας	angonas
eye	το μάτι	matee
finger	το δάκτυλο	dhakteelo
foot	το πόδι	podhee
hair	τα μαλλιά	maleea
hand	το χέρι	kheree
head	το κεφάλι	kefalee
heart	η καρδιά	kardheea
hip	ο γοφός	ghofos
joint	η άρθρωση	arthrosee
kidney	το νεφρό	nefro
knee	το γόνατο	ghonato
leg	το πόδι	podhee
liver	το συκώτι	seekotee
mouth	το στόμα	stoma
nail	το νύχι	neekhee
neck	ο σβέρκος	sverkos
nose	η μύτη	meetee
stomach	το στομάχι	stomakhee
throat	ο λαιμός	lemos
thumb	ο αντίχειρας	andeekheeras
toe	το δάκτυλο ποδιού	dhakteelo podheeoo
wrist	ο καρπός (χεριού)	karpos (khereeoo)

■ DOCTOR ■ PHARMACY

Can you help me?
Μπορείτε να με βοηθήσετε;
boreete na me voeetheesete

My car has broken down
Το αυτοκίνητό μου χάλασε
to aftokeeneeto moo khalase

The car won't start
Το αυτοκίνητο δεν ξεκινά
to aftokeeneeto dhen ksekeena

Can you give me a push?
Μπορείτε να σπρώξετε;
boreete na sproksete

I've run out of petrol
Έμεινα από βενζίνη
emeena apo venzeenee

Is there a garage near here?
Υπάρχει συνεργείο εδώ κοντά;
eeparkhee seeneryeeo edho konda

The engine is overheating
Η μηχανή έχει υπερθερμανθεί
ee meekhanee ekhee eeperthermanthee

The battery is flat
Η μπαταρία είναι άδεια
ee batareea eene adheea

I need water	It leaks...	petrol	oil	water
χρειάζομαι νερό	Χάνει...	βενζίνη	λάδια	νερό
khreeazome nero	*khanee...*	*venzeenee*	*ladheea*	*nero*

I've a flat tyre
Μου έσκασε το λάστιχο
moo eskase to lasteekho

I can't get the wheel off
Δεν μπορώ να βγάλω τη ρόδα
dhen boro na vghalo tee rodha

Can you tow me to the nearest garage?
Μπορείτε να με τραβήξετε μέχρι το κοντινότερο συνεργείο;
boreete na me traveeksete mekhree to kondeenotero seeneryeeo

Do you have parts for a *(make of car)*...?
Έχετε ανταλλακτικά για...;
ekhete andalakteeka ya...

The ... doesn't work properly
ο/η/το ... δεν δουλεύει καλά
o/ee/to ... dhen dhoolevee kala

The ... don't work properly
οί/τα ... δεν δουλεύουν καλά
ee/ta ... dhen dhoolevoon kala

Can you replace the windscreen?
Μπορείτε να μου αλλάξετε το παρμπρίζ;
boreete na moo alaksete to parbreez

■ CAR – PARTS ■ REPAIRS ■ PETROL STATION

Bus is the major form of overland transport in Greece and Cyprus and there is a good network of both local and long distance routes. On some routes you may have to buy a ticket at the bus station before you depart.

Is there a bus to...?
Υπάρχει λεωφορείο για...;
eeparkhee leoforeeo ya...

Which bus goes to...?
Ποιο λεωφορείο πάει στο...;
peeo leoforeeo paee sto...

Where do I catch the bus to...?
Από πού θα πάρω το λεωφορείο για...;
apo poo tha paro to leoforeeo ya...

We're going to...
Πηγαίνουμε στο...
peeyenoome sto...

How much is it...?
Πόσο κάνει...;
poso kanee...

to Delphi
για τους Δελφούς
ya toos dhelfoos

to Heraklion
για το Ηράκλειο
ya to Irakleeo

to the centre
για το κέντρο
ya to kendro

to the beach
για τη θάλασσα
ya tee thalasa

to the airport
για το αεροδρόμιο
ya to aerodhromeeo

How often are the buses to...?
Κάθε πότε έχει λεωφορείο για...;
kathe pote ekhee leoforeeo ya...

When is	the first	the last	bus	to...?
Πότε είναι	το πρώτο	το τελευταίο	λεωφορείο	για...;
pote eene	*to proto*	*to telefteo*	*leoforeeo*	*ya ...*

Please can you tell me when to get off?
Παρακαλώ, μπορείτε να μου πείτε πότε να κατέβω;
parakalo boreete na moo peete pote na katevo

Please let me off
Παρακαλώ κατεβάστε με
parakalo katevaste me

This is my stop
Αυτή είναι η στάση μου
aftee eene ee stasee moo

■ YOU MAY HEAR

Το λεωφορείο αυτό δε σταματά στο...
to leoforeeo afto dhe stamata sto...
This bus doesn't stop in...

Πρέπει να πάρετε το...
prepee na parete to...
You have to catch the...

■ TAXI

I'd like to arrange a meeting with...
Θα ήθελα να κανονίσω μία συνάντηση με...
tha eethela na kanoneeso meea seenandeesee me...

Are you free to meet...?
Είστε ελεύθερος να συναντηθούμε...;
eeste eleftheros na seenandeethoome...

on the 3rd of May
στις 3 Μαΐου
stees trees maeeoo

I will confirm...
θα το επιβεβαιώσω...
tha to epeeveveoso...

by letter
με γράμμα
me ghrama

by fax
με φαξ
me fax

I'm staying at Hotel...
Μένω στο ξενοδοχείο...
meno sto ksenodhokheeo...

How do I get to your office?
Πώς θα ρθω στο γραφείο σας;
pos tha rtho sto ghrafeeo sas

Please let ... know that I will be ... minutes late
Παρακαλώ, πείτε στον... ότι θα αργήσω ... λεπτά
parakalo peete ston ... otee tha aryeeso ... lepta

I have an appointment with...
Έχω ραντεβού με τον...
ekho randevoo me ton...

Here is my card
Ορίστε η κάρτα μου
oreeste ee karta moo

I'm delighted to meet you at last
Χαίρομαι που σας γνώρισα επιτέλους
kherome poo sas ghnoreesa epeeteloos

I don't know much Greek
Δεν ξέρω πολλά ελληνικά
dhen ksero pola eleeneeka

Please speak more slowly
Μιλάτε, παρακαλώ, πιο αργά
meelate parakalo peeo argha

May I introduce you to...
Μπορώ να σας συστήσω στον...
boro na sas seesteeso ston...

■ **YOU MAY HEAR**

Έχετε κλείσει ραντεβού;
ekhete kleesee randevoo
Do you have an appointment?

■ FAX ■ LETTERS ■ OFFICE ■ TELEPHONE

Although not as popular as in some other European countries, there are a number of campsites operated by the Greek Tourist Organization. There are six campsites on Cyprus. In both countries camping is only permitted on official sites.

Do you have a list of campsites with prices?
Έχετε κατάλογο των κάμπινγκ με τις τιμές τους;
ekhete katalogho ton camping me tees teemes toos

How far is the beach?
Πόσο μακριά είναι η παραλία;
poso makreea eene ee paraleea

Is there a restaurant on the campsite?
Υπάρχει εστιατόριο στό κάμπινγκ;
eeparkhee esteeatoreeo sto camping

Do you have any vacancies?
Έχετε ελεύθερες θέσεις;
ekhete eleftheres thesees

Are showers... / Is hot water... / Is electricity...
Οι ντουσιέρες... / το ζεστό νερό... / το ηλεκτρικό...
ee doosee-eres... / to zesto nero... / to eelektreeko...

...included in the price?
...περιλαμβάνονται στην τιμή;
...pereelamvanonde steen teemee

We'd like to stay for ... nights
Θέλουμε να μείνουμε ... νύχτες
theloome na meenoome ... neekhtes

How much is it per night...?	for a tent	per person
Πόσο κοστίζει τη νύχτα...;	κατά σκηνή	κατ' άτομο
poso kosteezee tee neekhta...;	*kata skeenee*	*katatomo*

Can we camp here overnight?
Μπορούμε να περάσουμε εδώ τη νύχτα;
boroome na perasoome edho tee neekhta

■ SIGHTSEEING & TOURIST OFFICE

Try to avoid driving in the major cities, particularly Athens. Traffic congestion can be appalling and parking in city centres almost impossible. You drive on the right in Greece but on the left in Cyprus.

ΑΥΤΟΚΙΝΗΤΟΔΡΟΜΟΣ	MOTORWAY (signs are in blue)
ΠΡΟΤΕΡΑΙΟΤΗΤΑ	GIVE WAY
ΚΕΝΤΡΟ (ΤΗΣ ΠΟΛΗΣ)	CITY CENTRE
ΔΡΟΜΟΣ ΚΛΕΙΣΤΟΣ	ROAD CLOSED
ΜΕΙΝΕΤΕ ΔΕΞΙΑ	KEEP RIGHT
ΠΑΡΑΚΑΜΠΤΗΡΙΟΣ	BYPASS
ΕΠΙΚΙΝΔΥΝΗ ΣΤΡΟΦΗ	DANGEROUS BEND
ΜΟΝΟΔΡΟΜΟΣ	ONE-WAY STREET
ΕΛΑΤΤΩΣΤΕ ΤΑΧΥΤΗΤΑ	SLOW DOWN
ΔΙΟΔΙΑ	TOLL
ΑΠΑΓΟΡΕΥΕΤΑΙ Η ΣΤΑΘΜΕΥΣΗ	NO PARKING
ΟΡΙΟ ΤΑΧΥΤΗΤΟΣ	SPEED LIMIT
ΣΤΑΘΜΕΥΣΗ	PARKING

Can I park here?
Μπορώ να παρκάρω εδώ;
boro na parkaro edho

How long for?
Για πόση ώρα;
ya posee ora

Do I need a parking ticket?
Χρειάζομαι κάρτα στάθμευσης;
khreeazome karta stathmefsees

We're going to...
Πηγαίνουμε στο...
peeyenoome sto...

What is the best route?
Ποια είναι η καλύτερη διαδρομή;
peea eene ee kaleeteree dheeadhromee

When is the best time to drive?
Ποια είναι η καλύτερη ώρα για οδήγηση;
peea eene ee kaleeteree ora ya odheeyeesee

Is the road good?
Είναι καλός ο δρόμος;
eene kalos o dhromos

■ **BREAKDOWNS** ■ **MOTORBIKE–HIRE** ■ **PETROL STATION**

DRIVING LICENCE	ΤΟ ΔΙΠΛΩΜΑ ΟΔΗΓΗΣΗΣ
	to dheeploma odheeyeesees
REVERSE GEAR	Η ΟΠΙΣΘΕΝ
	ee opeesthen

I want to hire a car
Θέλω να νοικιάσω ένα αυτοκίνητο
thelo na neekeeaso ena aftokeeneeto

for ... days
για ... μέρες
ya ... meres

How much is it...?
Πόσο κάνει...;
poso kanee...

per day
τη μέρα
tee mera

per week
τη βδομάδα
tee vdhomadha

How much is the deposit?
Πόση είναι η προκαταβολή;
posee eene ee prokatavolee

Is there a charge per kilometre?
Γίνεται χρέωση ανά χιλιόμετρο;
yeenete khreosee ana kheeleeometro

How much?
Πόσο κάνει;
poso kanee

Is fully comprehensive insurance included in the price?
Στην τιμή περιλαμβάνεται πλήρης ασφαλιστική κάλυψη;
steen teemee pereelamvanete pleerees asfaleesteekee kaleepsee

Do I have to return the car here?
Πρέπει να γυρίσω το αυτοκίνητο εδώ;
prepee na yeereeso to aftokeeneeto edho

By what time?
Μέχρι πότε;
mekhree pote

I'd like to leave it in...
Θα ήθελα να το αφήσω στο...
tha eethela na to afeeso sto...

Can you show me how the controls work?
Μπορείτε να μου δείξετε πώς λειτουργούν τα όργανα;
boreete na moo dheeksete pos leetoorghoon ta orghana

■ YOU MAY HEAR

Μπορείτε να γυρίσετε το αυτοκίνητο με άδειο ρεζερβουάρ
boreete na yeereesete to aftokeeneeto me adheeo rezervooar
You can return the car with an empty tank

The ... doesn't work	The ... don't work
ο/η/το ... δε λειτουργεί	οι/α ... δε λειτουργούν
o/ee/to ... dhe leetooryee	*ee/ta ... dhe leetoorghoon*

accelerator	το γκάζι	*gazee*
battery	η μπαταρία	*batareea*
bonnet	το καπό	*kapo*
brakes	τα φρένα	*frena*
choke	το τσοκ	*tsok*
clutch	ο συμπλέκτης	*seemblektees*
distributor	ο διανομέας	*dheeanomeas*
engine	η μηχανή	*meekhanee*
exhaust pipe	η εξάτμιση	*eksatmeesee*
fuse	η ασφάλεια	*asfaleea*
gears	οι ταχύτητες	*takheeteetes*
handbrake	το χειρόφρενο	*kheerofreno*
headlights	οι προβολείς	*provolees*
ignition	η ανάφλεξη	*anafleksee*
indicator	το φλας	*flas*
points	οι πλατίνες	*plateenes*
radiator	το ψυγείο	*pseeyeeo*
rear lights	τα πίσω φώτα	*peeso fota*
seat belt	η ζώνη ασφαλείας	*zonee asfaleeas*
spare wheel	η ρεζέρβα	*rezerva*
spark plugs	το μπουζί	*boozee*
steering wheel	το τιμόνι	*teemonee*
tyre	το λάστιχο	*lasteekho*
wheel	η ρόδα	*rodha*
windscreen	το παρμπρίζ	*parbreez*
-- washer	το σύστημα καθαρισμού	*seesteema khathareesmoo*
-- wiper	ο υαλοκαθαριστής	*eealokathareestees*

■ BREAKDOWNS ■ PETROL STATION

23

I wish you a...
Σας εύχομαι...
sas **ef**khome....

I wish you a... *(informal)*
Σου εύχομαι...
soo **ef**khome...

Merry Christmas!
Καλά Χριστούγεννα
kal**a** khreest**oo**yena

Happy New Year!
Καλή χρονιά
kal**ee** khron**ee**a

Happy birthday!
Χρόνια πολλά
khr**o**neea pola

Happy (saint's) name day!
Χρόνια πολλά
khr**o**neea pola

Have a good trip!
Καλό ταξίδι
kal**o** taks**ee**dhee

Best wishes!
Θερμές ευχές
therm**es** efkh**es**

Welcome!
Καλώς ήρθατε
kal**os** **ee**rthate

Enjoy your meal!
Καλή όρεξη!
kal**ee** **o**reksee!

Thanks, and you too!
Ευχαριστώ, επίσης!
efkhareest**o** ep**ee**sees

Cheers! *(informal)*
γειά σου / σας!
ya soo / sas

Cheers! *(formal)*
Στην υγειά σας!
steen eey**a** sas

Congratulations! *(on having a baby/on getting married)*
Να σας ζήσει/να ζήσετε
na sas **zee**see/na **zee**sete

■ **LETTERS** ■ **MAKING FRIENDS**

*The Greek for size is νούμερο (no**o**mero).*

WOMEN

sizes	
UK	EC
10	36
12	38
14	40
16	42
18	44
20	46

MEN - SUITS

sizes	
UK	EC
36	46
38	48
40	50
42	52
44	54
46	56

SHOES

sizes			
UK	EC	UK	EC
2	35	8	42
3	36	9	43
4	37	10	44
5	38	11	45
6	39		
7	41		

May I try this on?
Μπορώ να το δοκιμάσω;
bor**o** na to dhokeem**a**so

Where are the changing rooms?
Πού είναι τα δοκιμαστήρια;
poo **ee**ne ta dhokeemast**ee**reea

Have you a bigger size?
Έχετε μεγαλύτερο νούμερο;
ekhete meghal**ee**tero n**oo**mero

Have you a smaller size?
Έχετε μικρότερο νούμερο;
ekhete meekr**o**tero n**oo**mero

Do you have this...?
Το έχετε αυτό...;
to **e**khete aft**o**...

in my size
στο νούμερο μου
sto n**oo**mero moo

in other colours
σε άλλα χρώματα
se **a**la khr**o**mata

That's a shame!
Τι κρίμα!
tee kr**ee**ma

It's too short
Είναι πολύ κοντό
eene pol**ee** kond**o**

It's too long
Είναι πολύ μακρύ
eene pol**ee** makr**ee**

I'm just looking
Απλώς κοιτάζω
apl**o**s keet**a**zo

I'll take it
Θα το πάρω
tha to p**a**ro

■ **YOU MAY HEAR**

Τι μέγεθος;
tee m**e**yethos
What size *(clothes)/(shoes)* ?

Σας κάνει;
sas k**a**nee
Does it fit you?

■ **CLOTHES – ARTICLES**

belt	η ζώνη	zonee
blouse	η μπλούζα	blooza
bra	το σουτιέν	sooteeen
coat	το παλτό	palto
dress	το φόρεμα	forema
gloves	τα γάντια	ghandeea
hat	το καπέλο	kapelo
hat (woollen)	ο σκούφος	skoofos
jacket	η μπουφάν	boofan
knickers	η κυλόττα	keelota
nightdress	το νυχτικιά	neekhteekeea
pyjamas	οι πυτζάμες	peetzames
raincoat	το αδιάβροχο	adheeavrokho
sandals	τα σανδάλια	sandhaleea
scarf (head)	το μαντήλι	mandeelee
shawl	το σάλι	salee
shirt	το πουκάμισο	pookameeso
shorts	τα σόρτς	sorts
skirt	η φούστα	foosta
slippers	οι παντόφλες	pandofles
socks	οι κάλτσες	kaltses
suit	το κοστούμι	kostoomee
sweatshirt	το κολλεγιακό	kolegheeako
swimsuit	το μαγιό	mayo
tie	η γραβάτα	ghravata
tights	το καλσόν	kalson
tracksuit	η φόρμα (αθλητική)	forma (athleeteekee)
trousers	το παντελόνι	pandelonee
t-shirt	το μπλουζάκι	bloozakee
underpants	το σώβρακο	sovrako
zip	το φερμουάρ	fermooar

■ NUMBERS ■ PAYING ■ SHOPPING

> Two key words for describing colours in Greek are:
> ανοιχτό *aneekhto* **light**   σκούρο *skooro*   **dark**

black	μαύρο	*mavro*
blue	γαλάζιο	*ghalazeeo*
navy blue	μπλε	*ble*
brown	καφέ	*kafe*
cream	κρεμ	*krem*
crimson	βυσσινί	*veeseenee*
gold	χρυσαφί	*khreesafee*
green	πράσινο	*praseeno*
grey	γκρι	*gree*
orange	πορτοκαλί	*portokalee*
pink	ροζ	*roz*
shocking pink	έντονο ροζ	*endono roz*
purple	μοβ	*mov*
red	κόκκινο	*kokeeno*
silver	ασημί	*aseemee*
turquoise	τουρκουάζ	*toorkooaz*
white	άσπρο	*aspro*
yellow	κίτρινο	*keetreeno*

■ SHAPE

big	μεγάλο	*meghalo*
fat	παχύ	*pakhee*
flat	επίπεδο	*epeepedho*
long	μακρύ	*makree*
narrow	στενό	*steno*
round	στρογγυλό	*strongeelo*
small	μικρό	*meekro*
square	τετράγωνο	*tetraghono*
tall	ψηλό	*pseelo*
thick	χοντρό	*khondro*
thin	λεπτό	*lepto*
tiny	μικρό	*meekro*
wide	πλατύ	*platee*

This doesn't work
Δε δουλεύει αυτό
dhe dhoolevee afto

The ... doesn't work
ο/η/το ... δε δουλεύει
o/ee/to ... dhe dhoolevee

The ... don't work
οι/τα ... δε δουλεύουν
ee/ta ... dhe dhoeelevoon

lights
τα φώτα
ta fota

heating
η θέρμανση
ee thermansee

air conditioning
ο κλιματισμός
o kleemateesmos

There's a problem with the room
Υπάρχει πρόβλημα με το δωμάτιο
eeparkhee provleema me to dhomateeo

It's noisy
Έχει θόρυβο
ekhee thoreevo

It's too hot (room)
Είναι πολύ ζεστό
eene polee zesto

It's too cold (room)
Είναι πολύ κρύο
eene polee kreeo

It's too hot / too cold (food)
Είναι καυτό / κρύο
eene kafto / kreeo

The meat is cold
Το κρέας είναι κρύο
to kreas eene kreeo

This isn't what I ordered
Δεν παρήγγειλα αυτό
dhen pareengeela afto

To whom should I complain?
Σε ποιον να παραπονεθώ;
se peeon na paraponetho

It's faulty
Είναι ελαττωματικό
eene elatomateeko

I want a refund
Θέλω τα χρήματά μου πίσω
thelo ta khreemata moo peeso

The goods were damaged in transit
Τα αγαθά έπαθαν βλάβη στη μεταφορά
ta aghatha epathan vlavee stee metafora

■ **PROBLEMS** ■ **REPAIRS** ■ **ROOM SERVICE**

What computer do you use?
Τι κομπιούτερ χρησιμοποιείτε;
tee computer khreeseemopeeeete

Is it IBM compatible?
Είναι συμβατός με IBM;
eene seemvatos me IBM

Do you have E-mail?
Έχετε ηλεκτρονικό ταχυδρομείο;
ekhete eelektroneeko takheedhromeeo

What is your number?
Τι αριθμό έχετε;
tee areethmo ekhete

Do you have a database?
Έχετε βάση δεδομένων;
ekhete vasee dhedhomenon

How often do you update it?
Πόσο συχνά την ενημερώνετε;
poso seekhna teen eneemeronete

Can you send it on a floppy disk?
Μπορείτε να το στείλετε σε δισκέτα;
boreete na to steelete se dheesketa

What word processing package do you use?
Τι πρόγραμμα επεξεργασίας κειμένου χρησιμοποιείτε;
tee programa epekserghaseeas keemenoo khreeseemopeeeete

How much memory does the computer have?
Πόση μνήμη έχει ο κομπιούτερ;
posee mneemee ekhee o computer

You will not be allowed to enter Greece or Cyprus if your passport has a stamp from the Turkish Republic of Northern Cyprus.

You will need an export permit if you plan to take home any antiquities, including old icons, even if they appear to have little or no archaeological or commercial value. Both the Greek and Cyprus authorities are very sensitive about the illegal export of antiquities and should you be caught do not expect clemency.

Remember that Cyprus is not a full member of the EC and thus the amount of alcoholic drink and tobacco you can import on your return to the UK is restricted.

ΈΛΕΓΧΟΣ ΔΙΑΒΑΤΗΡΩΝ	PASSPORT CONTROL
ΕΟΚ	EC or EEC
ΤΕΛΩΝΕΙΟ	CUSTOMS

Do I have to pay duty on this?
Πρέπει να πληρώσω φόρο γι' αυτό;
prepee na pleeroso foro yafto

This is a gift
Είναι δώρο
eene dhoro

It is for my own personal use
Είναι για προσωπική μου χρήση
eene ya prosopeekee moo khreesee

We are on our way to...' *(if in transit through a country)*
Είμαστε καθ'οδόν για...
eemaste kathodhon ya...

The children are on this passport
Τα παιδιά περιλαμβάνονται σ' αυτό το διαβατήριο
ta pedheea pereelamvanonde safto to dheeavateereeo

■ AIR TRAVEL

JANUARY	Ιανουάριος *eeanooareeos*
FEBRUARY	Φεβρουάριος *fevrooareeos*
MARCH	Μάρτιος *marteeos*
APRIL	Απρίλιος *apreeleeos*
MAY	Μάιος *maeeos*
JUNE	Ιούνιος *eeooneeos*
JULY	Ιούλιος *eeooleeos*
AUGUST	Αύγουστος *avghoostos*
SEPTEMBER	Σεπτέμβριος *septemvreeos*
OCTOBER	Οκτώβριος *oktovreeos*
NOVEMBER	Νοέμβριος *noemvreeos*
DECEMBER	Δεκέμβριος *dhekemvreeos*

MONDAY Δευτέρα *dheftera*
TUESDAY Τρίτη *treetee*
WEDNESDAY Τετάρτη *tetartee*
THURSDAY Πέμπτη *pemtee*
FRIDAY Παρασκευή *paraskevee*
SATURDAY Σάββατο *savato*
SUNDAY Κυριακή *keereeakee*

SPRING Άνοιξη *aneeksee*
SUMMER Καλοκαίρι *kalokeree*
AUTUMN Φθινόπωρο *ftheenoporo*
WINTER Χειμώνας *kheemonas*

What's the date?
Τι ημερομηνία έχουμε;
tee eemeromeeneea ekhoome

It's the 5th of August 1994
Είναι η 5η Αυγούστου 1994
eene ee pebtee avghoostoo 1994

on Saturday
το Σάββατο
to savato

on Saturdays
τα Σάββατα
ta savata

every Saturday
κάθε Σάββατο
kathe savato

this Saturday
αυτό το Σάββατο
afto to savato

next Saturday
το επόμενο Σάββατο
to epomeno savato

last Saturday
το περασμένο Σάββατο
to perasmeno savato

in June
τον Ιούνιο
ton eeooneeo

at the beginning of June
στις αρχές Ιουνίου
stees arkhes eeooneeoo

at the end of June
στα τέλη Ιουνίου
sta telee eeooneeoo

before summer
πριν από το καλοκαίρι
preen apo to kalokeree

during the summer
μέσα στο καλοκαίρι
mesa sto kalokeree

after summer
μετά το καλοκαίρι
meta to kalokeree

31

I need a dentist

Χρειάζομαι οδοντογιατρό
khreeazome odhondoyatro

He/She has toothache

Έχει πονόδοντο
ekhee ponodhondo

Can you do a temporary filling?

Μπορείτε να κάνετε προσωρινό σφράγισμα;
boreete na kanete prosoreeno sfrayeesma

It hurts *(me)*	**Can you give me something for the pain?**
Με πονάει	Μπορείτε να μου δώσετε κάτι για τον πόνο;
me ponaee	*boreete na moo dhosete katee ya ton pono*

I think I have an abscess

Νομίζω ότι έχω απόστημα
nomeezo otee ekho aposteema

Can you repair my dentures?

Μπορείτε να μου επιδιορθώσετε την οδοντοστοιχία;
boreete na moo epeedheeorthosete teen odhondosteekheea

How much will it be?

Πόσο θα κοστίσει;
poso tha kosteesee

I need a receipt for my insurance

Χρειάζομαι απόδειξη για την ασφαλιστική μου εταιρεία
khreeazome apodheeksee ya teen asfaleesteekee moo etereea

■ **YOU MAY HEAR**

Πρέπει να βγει
prepee na vghee
It has to come out

Θα σας κάνω μία ένεση
tha sas kano meea enesee
I'm going to give you an injection

OPPOSITE	απέναντι	apenante
NEXT TO	δίπλα στο	dheepla sto
NEAR TO	κοντά στο	konta sto
TRAFFIC LIGHTS	φανάρια	fanareea
AT THE CORNER	στη γωνία	stee ghoneea
IN THE SQUARE	στή πλατεία	stee plateea

Excuse me!
Με συγχωρείτε!
me seeghkhoreete

How do I get to...?
Πώς θα πάω...;
pos tha pao...

to the station
στο σταθμό
sto stathmo

to the Parthenon
στον Παρθενώνα
ston parthenona

to Nicosia
στη Λευκωσία
stee lefkoseea

We're looking for...
Ψάχνω για...
psakhno ya...

Can I walk there?
Μπορώ να πάω με τα πόδια;
boro na pao me ta podheea

We're lost
Έχουμε χαθεί
ekhoome kathee

Is this the way to...?
Πάω καλά για...;
pao kala ya...

Is it far?
Είναι μακριά;
eene makreea

How do I get onto the motorway?
Πώς θα βγω στην εθνική;
pos tha vgho steen ethneekee

Can you show me where it is on the map?
Μπορείτε να μου το δείξετε πάνω στο χάρτη;
boreete na moo to dheeksete pano sto khartee

■ YOU MAY HEAR

Μετά τη γέφυρα
meta tee yefeera
After passing the bridge

Στρίψτε δεξιά / αριστερά
streepste dhekseea / areestera
Turn right / left

Προχωρήστε ευθεία μέχρι να φτάσετε...
prokhoreeste eftheea mekhree na ftasete...
Keep straight on until you get...

στή διασταύρωση
stee dheeastavrosee
to the crossroads

33

Facilities for the disabled in Greece and Cyprus may not be as widely available as in the UK. It is worth checking with individual hotels etc., prior to booking.

What facilities do you have for disabled people?
Τι ευκολίες έχετε για άτομα με ειδικές ανάγκες;
tee efkoleees ekhete ya atoma me eedheekes ananges

Are there any toilets for the disabled?
Υπάρχουν τουαλέτες για άτομα με ειδικές ανάγκες;
eeparkhoon tooaletes ya atoma me eedheekes ananges

Do you have any bedrooms on the ground floor?
Έχετε υπνοδωμάτια στο ισόγειο;
ekhete eepnodhomateea sto eesoyeeo

Is there a lift?
Υπάρχει ασανσέρ;
eeparkhee asanser

Where is the lift?
Πού είναι το ασανσέρ;
poo eene to asanser

Are there any ramps?
Υπάρχουν ράμπες;
eeparkhoon rambes

How many stairs are there?
Πόσες σκάλες υπάρχουν;
poses skales eeparkhoon

How wide is the entrance door?
Πόσο φαρδιά είναι η είσοδος;
poso fardheea eene ee eesodhos

Where is the wheelchair-accessible entrance?
Πού είναι η είσοδος με πρόσβαση για τα καρότσια;
poo eene ee eesodhos me prosvasee ya ta karotseea

Is there a reduction for disabled people?
Γίνεται έκπτωση στα άτομα με ειδικές ανάγκες;
yeenete ekptosee sta atoma me eedheekes ananges

Is there somewhere I can sit down?
Υπάρχει πουθενά να καθήσω;
eeparkhee poothena na katheeso

ΝΟΣΟΚΟΜΕΙΟ	**HOSPITAL**
ΠΡΩΤΕΣ ΒΟΗΘΕΙΕΣ	**CASUALTY DEPARTMENT**
ΩΡΕΣ ΙΑΤΡΕΙΟΥ	**SURGERY HOURS**

I need a doctor
Χρειάζομαι γιατρό
khreeazome yatro

I have a pain here (point)
Πονάω εδώ
ponao edho

My son is ill
Ο γιος μου είναι άρρωστος
o yos moo eene arostos

My daughter is ill
Η κόρη μου είναι άρρωστη
ee koree moo eene arostee

I'm pregnant
Είμαι έγγυος
eeme engeeos

I'm on the pill
Παίρνω αντισυλληπτικά
perno andeeseeleepteeka

I'm diabetic
Είμαι διαβητικός(-ή)
eeme dheeaveeteek-os(-ee)

I'm allergic to penicillin
Έχω αλλεργία στην πενικιλλίνη
ekho aleryeea steen peneekeeleenee

My blood group is...
Η ομάδα αίματός μου είναι...
ee omadha ematos moo eene...

Will he/she have to go to hospital?
Πρέπει να μπει στο νοσοκομείο;
prepee na be sto nosokomeeo

How much will it cost?
Πόσο θα κοστίσει;
poso tha kosteesee

I need a receipt for the insurance
Χρειάζομαι απόδειξη για την ασφαλιστική μου εταιρεία
khreeazome apodheeksee ya teen asfaleesteekee moo etereea

■ **YOU MAY HEAR**

Θα πρέπει να μπείτε στο νοσοκομείο
tha prepee na beete sto nosokomeeo
You will have to go into hospital

Δεν είναι σοβαρό
dhen eene sovaro
It's not serious

■ **BODY** ■ **EMERGENCIES** ■ **PHARMACY**

> If you ask for a coffee you are likely to be served a Greek (Turkish) coffee. If you like it sweet ask for καφέ γλυκό (kafe gleeko), medium sweet is καφέ μέτριο (kafe metreeo) and without sugar is καφέ σκέτο (kafe sketo). If you want an instant coffee you will need to ask for ένα νεσκαφέ (ena neskafe). A refreshing drink in the summer is iced coffee. Ask for καφέ φραπέ (kafe frape).

a cappuccino	a beer	an ouzo	...please
ένα καπουτσίνο	μία μπύρα	ένα ούζο	...παρακαλώ
ena kapootseeno	meea beera	ena ouzo	...parakalo

a tea...	with milk	with lemon	without sugar
ένα τσάι...	με γάλα	με λεμόνι	χωρίς ζάχαρη
ena tsaee...	me ghala	me lemonee	khorees zakharee

for me	for her	for him	for us
για μένα	γι' αυτήν	γι' αυτόν	για μας
ya mena	yafteen	yafton	ya mas

with ice, please	I'm very thirsty
με παγάκια, παρακαλώ	Διψάω πολύ
me paghakeea parakalo	dheepsao polee

A bottle of mineral water	sparkling	still
Ένα μπουκάλι εμφιαλωμένο νερό	αφρώδες	απλό
ena bookalee emfeealomeno nero	afrodhes	aplo

Would you like a drink?	It's my round!
Θα θέλατε ένα ποτό;	Είναι η σειρά μου!
tha thelate ena poto	eene ee seera moo

■ OTHER DRINKS TO TRY

ένα χυμό λεμονιού (ena kheemo lemoneeoo) a lemon juice
ένα χυμό πορτοκαλιού (ena kheemo portokaleeoo) an orange juice
ένα ποτήρι ρετσίνα (ena poteeree retsina) a glass of retsina
ένα κονιάκ (ena koneeak) a brandy
ένα αναψυκτικό (ena anapseekteeko) a soft drink

■ EATING OUT ■ WINES & SPIRITS

Where can we have a snack?
Πού μπορούμε να φάμε κάτι πρόχειρα;
poo boroome na fame katee prokheera

cheap
φθηνό
ftheeno

Is there a good local restaurant?
Υπάρχει ένα καλό τοπικό εστιατόριο;
eeparkhee ena kalo topeeko esteeatoreeo

not too expensive
όχι πολύ ακριβό
okhee polee akreevo

I'd like a table for ... people
Θα ήθελα ένα τραπέζι για ... άτομα
tha eethela ena trapezee ya ... atoma

for tonight
για απόψε
ya apopse

The menu, please
Τον κατάλογο, παρακαλώ
ton katalogho parakalo

What is the dish of the day?
Ποιο είναι το πιάτο της ημέρας;
peeo eene to peeato tees eemeras

Have you...?
Έχετε...;
ekhete...

a set price menu
ένα προκαθορισμένο μενού
ena prokathoreesmeno menoo

a children's menu
παιδικό μενού
pedheeko menoo

Can you recommend a local dish?
Μπορείτε να μου συστήσετε ένα τοπικό φαγητό;
boreete na moo seesteesete ena topeeko fayeeto

What is this?
Τι είναι αυτό;
tee eene afto

I'll have this
Θα πάρω αυτό
tha paro afto

Excuse me!
Με συγγχωρείτε!
me seengkhoreete!

Please bring...
Παρακαλώ, φέρτε...
parakalo ferte...

more bread
κι άλλο ψωμί
kee alo psomee

more water
κι άλλο νερό
kee alo nero

another bottle
άλλο ένα μπουκάλι
alo ena bookalee

the bill
το λογαριασμό
to loghareeasmo

■ **YOU MAY SEE ON THE BILL**

Συμπεριλαμβάνονται φόροι και ποσοστά υπηρεσίας
seebereelamvanonde foree ke pososta eepeereseeas
Taxes and service are included

CONT.

Most restaurants serve a range of meat and chicken dishes. Casseroles and stews tend to have too much oil for most British tastes. If you prefer fish it is best to eat at a specialist fish restaurant; these are often located near fishing ports. By and large vegetarians are poorly catered for in mainstream restaurants although there are specialist vegetarian restaurants; turn to the VEGETARIAN topic for further phrases.

■ **EATING PLACES**

ΜΠΑΡ (bar) serves drinks and possibly snacks

ΚΑΦΕΤΕΡΙΑ (kafeter**ee**a) serves drinks, coffee, light meals, snacks

ΤΑΒΕΡΝΑ (tav**er**na) either a traditional tavern or an establishment aimed at the tourist

ΕΣΤΙΑΤΟΡΙΟ (esteeat**o**reeo) or **ΡΕΣΤΩΡΑΝ** (restor**a**n) restaurant

ΣΟΥΒΛΑΤΖΙΔΙΚΟ (soovlatz**ee**dheeko) take-aways selling mainly pork kebabs (soovlakee) and chips. Sometimes found as **ΨΗΤΟΠΩΛΕΙΟ** (pseetopol**ee**o) or **ΨΗΣΤΑΡΙΑ** (pseestar**ee**a) where a wider variety of grilled meat dishes are offered.

ΖΑΧΑΡΟΠΛΑΣΤΕΙΟ (zakharoplast**ee**o) patisserie selling sweet Greek pastries either to take away or eat on the premises. It will usually also serve coffee and soft drinks.

ΚΑΦΕΝΕΙΟ (kafen**ee**o) traditional coffee shop which is often a social centre for the men of a village.

A Greek meal usually consists of one substantial main course often accompanied by chips and salad followed by a simple dessert such as fresh fruit.

■ **ΟΡΕΚΤΙΚΑ** (orekteeka)   **STARTERS**

ταχίνι (tah**ee**nee) dip made of ground sesame seeds, olive oil and garlic

τζατζίκι (tzatz**ee**kee) yogurt, cucumber, garlic and mint dip

ταραμοσαλάτα (taramosal**a**ta) dip made from fish roe

ελιές (elee-**es**) olives usually marinated in olive oil and garlic

γιαούρτι (ya**oo**rtee) yogurt

καλαμάρια (kalam**a**reea) squid in slices (fried or grilled)

κεφτέδες (keft**e**dhes) meat balls

αγγουροντομάτα (angoorondomata) tomato and cucumber salad
φέτα (feta) feta cheese
οχταπόδι (okhtapodhee) octopus
λουκάνικο (lookaneko) sausage

■ **ΚΡΕΑΣ ΚΑΙ ΠΟΥΛΕΡΙΚΑ** (kreas ke poolereeka) **MEAT &**
POULTRY

μπριζόλα μοσχαρίσια (breezola moskhareeseea) steak
μπριζόλα χοιρινή (breezola kheereenee) pork chop
σουβλάκι χοιρινό (soovlakee kheereeno) pork kebab
σουβλάκι αρνίσιο (soovlakee arneeseeo) lamb kebab
παϊδάκια αρνίσια (paeedhakeea arneeseea) lamb chops
κοτολέτα χοιρινή (kotoleta kheereenee) pork cutlet
μοσχάρι ψητό (moskharee pseeto) roast beef
κοτόπουλο ψητό (kotopoolo pseeto) roast chicken

■ **ΑΒΓΑ** (avgha)   **EGGS**

αβγά τηγανητά (avgha teeghaneeta) fried eggs
αβγά βραστά (avgha vrasta) boiled eggs
αβγά ποσέ (avgha pose) poached eggs
ομελέτα (omeleta) omelette
αβγά ζαμπόν (avgha zambon) ham and eggs

■ **ΨΑΡΙΑ** (psareea)   **FISH**

γαρίδες (ghareedhes) prawns
μπαρμπούνι (barboonee) red mullet
λιθρίνι (leethreenee) grey mullet
αστακός (astakos) lobster
ξιφίας (kseefeeas) swordfish
γλώσσα (ghlosa) sole
συναγρίδα (seenaghreedha) sea bream
σουπιές (soopee-es) cuttlefish
λαβράκι (lavrakee) sea bass
τσιπούρα (tseepoora) sea bream

CONT.

■ GREEK DISHES YOU MIGHT LIKE TO TRY

Some may contain liberal amounts of oil.

ντολμαδάκια (dolmadhakeea) stuffed vineleaves

πιπεριές γεμιστές (peepereees ghemeestes) stuffed peppers

παστίτσιο (pasteetseeo) layers of pasta and minced meat, with a white sauce topping

μουσακάς (moossakas) layers of aubergines and minced meat

γιουβέτσι (yoovetsee) roast lamb with pasta

στιφάδο (steefadho) meat and onions

■ ΛΑΧΑΝΙΚΑ (lakhaneeka)   VEGETABLES

μπάμιες (bamee-es) okra

ραδίκια (radheekeea) dandelion

σπανάκι (spanakee) spinach

κολοκυθάκια (kolokeethakeea) courgettes

αντίδια (andeedheea) endive

μελιτζάνες (meleetzanes) aubergines

καρότα (karota) carrots

αγγούρι (angooree) cucumber

ντομάτα (domata) tomato

σέλινο (seleeno) celery

μαρούλι (maroolee) lettuce

πατάτες (patates) potatoes

πατάτες τηγανητές (patates teeghaneetes) fried potatoes

πατάτες βραστές (patates vrastes) boiled potatoes

πατάτες πουρέ (patates poore) mashed potatoes

πατάτες φούρνου (patates foornoo) roast potatoes

■ **ΦΡΟΥΤΑ** *(fro*ota*)*   **FRUIT**

σταφύλι *(stafeelee)* grapes
καρπούζι *(karpoozee)* watermelon
πεπόνι *(peponee)* melon
σύκα *(seeka)* figs
αχλάδια *(akhladheea)* pears
μήλα *(meela)* apples
κεράσια *(keraseea)* cherries
ροδάκινα *(rodhakeena)* peaches
βερίκοκα *(vereekoka)* apricots
φράουλες *(fraooles)* strawberries
μπανάνες *(bananes)* bananas

■ **ΓΛΥΚΑ** *(ghleeka)*   **DESSERTS**

Although you may find some of these in restaurants, a Greek meal is rarely followed by a sweet dessert; it is more usual to have fresh fruit. The place worth exploring for Greek sweets is the patisserie, ΖΑΧΑΡΟΠΛΑΣΤΕΙΟ (zakharoplasteeo).

πάστες *(pastes)* cookies
μπακλαβάς *(baklavas)* filo pastry filled with chopped almonds, in syrup
κανταΐφι *(kandaeefee)* shredded pastry with a filling of chopped almonds, in syrup
παγωτό *(paghoto)* ice cream
γαλατομπούρεκο *(ghalatobooreko)* filo pastry with a cream filling, in syrup
κομπόστα *(kobosta)* stewed or tinned fruit

■ **DRINKING** ■ **VEGETARIAN** ■ **WINES & SPIRITS**

*The emergency numbers in Greece (for Athens) are **POLICE 100**,
AMBULANCE 166 and **FIRE 199**. In Cyprus the emergency
number for all these services is **199**.*

ΑΣΤΥΝΟΜΙΑ	POLICE
ΑΣΘΕΝΟΦΟΡΟ	AMBULANCE
ΠΥΡΟΣΒΕΣΤΙΚΗ	FIRE BRIGADE
ΠΡΩΤΕΣ ΒΟΗΘΕΙΕΣ	CASUALTY DEPARTMENT

Help!
Βοήθεια!
voeetheea

Fire!
Φωτιά!
foteea

Can you help me?
Μπορείτε να με βοηθήσετε;
boreete na me voeetheesete

There's been an accident!
Έγινε ατύχημα!
eyeene ateekheema

Someone is injured
Κάποιος τραυματίστηκε
kapeeos travmateesteeke

Someone has been knocked down by a car
Κάποιον χτύπησε ένα αυτοκίνητο
kapeeon khteepeese ena aftokeeneeto

Call...
Φωνάξτε...
fonakste...

the police
την αστυνομία
teen asteenomeea

an ambulance
ένα ασθενοφόρο
ena asthenoforo

please
παρακαλώ
parakalo

Where is the police station?
Πού είναι το αστυνομικό τμήμα;
poo eene to asteenomeeko tmeema

I've been robbed
Με έκλεψαν
me eklepsan

I want to report a theft
Θέλω να αναφέρω μία κλοπή
thelo na anafero meea klopee

I've been attacked
Μου επιτέθηκαν
moo epeetetheekan

Someone's stolen my...
Κάποιος μου έκλεψε...
kapeeos moo eklepse...

bag
την τσάντα
teen tsanda

traveller's cheques
τις ταξιδιωτικές επιταγές
*tees takseedheeoteekes
epeetayes*

My car has been broken into
Μου παραβίασαν το αυτοκίνητο
moo paraveeasan to aftokeeneeto

My car has been stolen
  Μου έκλεψαν το αυτοκίνητο
  moo eklepsan to aftokeeneeto

I've been raped
  Με βίασαν
  me veeasan

I want to speak to a policewoman
  Θέλω να μιλήσω σε γυναίκα αστυνομικό
  thelo na meeleeso se yeeneka asteenomeeko

I need to make an urgent telephone call
  Πρέπει να κάνω ένα επείγον τηλεφώνημα
  prepee na kano ena epeeghon teelefoneema

I need a report for my insurance
  Θέλω μία αναφορά για την ασφαλιστική μου εταιρεία
  thelo meea anafora ya teen asfaleesteekee moo etereea

I didn't know the speed limit
  Δεν ήξερα το όριο ταχύτητας
  dhen eeksera to oreeo takheeteetas

How much is the fine?
  Πόσο είναι το πρόστιμο;
  poso eene to prosteemo

Where do I pay it?
  Πού θα το πληρώσω;
  poo tha to pleeroso

Do I have to pay it straightaway?
  Πρέπει να το πληρώσω αμέσως;
  prepee na to pleeroso amesos

I'm very sorry
  Λυπάμαι πολύ
  leepame polee

■ **YOU MAY HEAR**

Περάσατε με κόκκινο
perasate me kokeeno
You went through a red light

■ **BODY** ■ **DOCTOR**

43

Details of entertainments can be found in newspapers. Local tourist offices will also have details of local festivals. Also, ATHINORAMA, a listings magazine is available in English from kiosks in Athens.

What is there to do in the evenings?
Τι μπορεί να κάνει κανείς τα βράδια;
tee boree na kanee kanees ta vradheea

Do you know what events are on this week?
Ξέρετε τι εκδηλώσεις γίνονται αυτή τη βδομάδα;
kserete tee ekdheeloses yeenonde aftee toe vdhomadha

Is there anything for children?
Υπάρχει τίποτε για παιδιά;
eeparkhee teepote ya pedheea

Where can I get tickets...?
Πού μπορώ να βγάλω εισιτήρια...;
poo boro na vghalo eeseeteereea...

for tonight
για απόψε
ya apopse

for the show
για την παράσταση
ya teen parastasee

for the football match
για τον ποδοσφαιρικό αγώνα
ya ton podhosfereeko aghona

I'd like...	...adult's	...children's	tickets
Θα ήθελα...	...ολόκληρα	...παιδικά	εισιτήρια
tha eethela...	*...olokleera*	*...pedheeka*	*eeseeteereea*

Where can we go dancing?
Πού μπορούμε να χορέψουμε;
poo boroome na khorepsoome

What time does it open?
Τι ώρα ανοίγει;
tee ora aneeyee

How much is it to get in?
Πόσο κάνει η είσοδος;
poso kanee ee eesodhos

■ YOU MAY HEAR

Η τιμή εισόδου περιλαμβάνει και ένα ποτό
ee teemee eesodhoo pereelamvanee ke ena poto
The entry fee includes one free drink

■ SIGHTSEEING & TOURIST OFFICE ■ THEATRE

To fax from the UK, the international code is 010, the country code for Greece is 30 followed by the Greek area code, eg. Athens 1, Thessaloniki 31, and the fax number. For Cyprus, the country code is 357 followed by the Cyprus area code, eg. Nicosia 2, Limassol 5 and the fax number.

ADDRESSING A FAX	
FROM	ΑΠΟ
FOR THE ATTENTION OF	ΥΠ' ΟΨΙΝ
DATE	ΗΜΕΡΟΜΗΝΙΑ
RE	ΘΕΜΑ
THIS DOCUMENT CONTAINS ...	ΑΥΤΟ ΤΟ ΕΓΓΡΑΦΟ ΠΕΡΙΕΧΕΙ ...
PAGES INCLUDING THIS	ΣΕΛΙΔΕΣ ΠΕΡΙΛΑΜΒΑΝΟΜΕΝΗΣ ΚΑΙ ΑΥΤΗΣ

Do you have a fax?
Έχετε φαξ;
ekhete fax

What is your fax number?
Ποιος είναι ο αριθμός του φαξ σας;
peeos eene o areethmos too fax sas

I want to send a fax
Θέλω να στείλω ένα φαξ
thelo na steelo ena fax

I am having trouble getting through to your fax
Έχω πρόβλημα να επικοινωνήσω με το φαξ σας
ekho provleema na epeekeenoneeso me to fax sas

Please resend your fax
Παρακαλώ να ξαναστείλετε το φαξ σας
parakalo na ksanasteelete to fax sas

The fax is constantly engaged
Το φαξ είναι μονίμως κατειλημμένο
to fax eene moneemos kateeleemeno

Can I send a fax from here?
Μπορώ να στείλω ένα φαξ από δω;
boro na steelo ena fax apo dho

■ LETTERS ■ TELEPHONE

biscuits	τα μπισκότα	beeskota
bread	το ψωμί	psomee
bread roll	τα ψωμάκια	psomakeea
butter	το βούτυρο	vooteero
cereal	τα δημητριακά	dheemeetreeaka
cheese	το τυρί	teeree
chicken	το κοτόπουλο	kotopoolo
chips	οι πατάτες τηγανητές	patates teeghaneetes
coffee (instant)	το Νεσκαφέ	Nescafe®
cream	η κρέμα	krema
crisps	τα πατατάκια	patatakeea
eggs	τα αβγά	avgha
flour	το αλεύρι	alevree
ham	το ζαμπόν	zambon
herbal tea	το τσάι από βότανα	tsaee apo votana
honey	το μέλι	melee
jam	η μαρμελάδα	marmeladha
margarine	η μαργαρίνη	margareenee
marmalade	η μαρμελάδα πορτοκάλι	marmeladha portokalee
milk	το γάλα	ghala
mustard	η μουστάρδα	moostardha
olive oil	το λάδι ελιάς	adhee eleeas
orange juice	ο χυμός πορτοκάλι	kheemos portokalee
pepper	το πιπέρι	peeperee
rice	το ρύζι	reezee
salt	το αλάτι	alatee
sugar	η ζάχαρη	zakharee
tea	το τσάι	tsaee
tinned tomatoes	οι ντομάτες κονσέρβα	domates konserva
vegetable oil	το φυτικό λάδι	feeteeko ladhee
vinegar	το ξύδι	kseedhee
yoghurt	το γιαούρτι	yaoortee

■ FRUIT

apples	τα μήλα	*meela*
apricots	το βερύκοκκα	*vereekoka*
bananas	οι μπανάνες	*bananes*
cherries	τα κεράσια	*keraseea*
figs	τα σύκα	*seeka*
grapefruit	τα γκρέιπφρουτ	*grapefruit*
grapes	τα σταφύλια	*stafeeleea*
lemon	το λεμόνι	*lemonee*
melon	το πεπόνι	*peponee*
nectarines	τα νεκταρίνια	*nektareeneea*
oranges	τα πορτοκάλια	*portokaleea*
peaches	τα ροδάκινα	*rodhakeena*
pears	τα αχλάδια	*akhladheea*
plums	τα δαμάσκηνα	*dhamaskeena*
strawberries	οι φράουλες	*fraooles*
watermelon	το καρπούζι	*karpoozee*

■ VEGETABLES

asparagus	τα σπαράγγια	*sparangeea*
carrots	τα καρότα	*karota*
cauliflower	το κουνουπίδι	*koonoopeedhee*
courgettes	τα κολοκυθάκια	*kolokeethakeea*
cucumber	το αγγούρι	*angooree*
french beans	τα φασολάκια	*fasolakeea*
garlic	το σκόρδο	*skordho*
lettuce	το μαρούλι	*maroolee*
mushrooms	τα μανιτάρια	*maneetareea*
onions	τα κρεμμύδια	*kremeedheea*
peas	ο αρακάς	*arakas*
peppers	οι πιπεριές	*peeperee-es*
potatoes	οι πατάτες	*patates*
spinach	το σπανάκι	*spanakee*
tomatoes	οι ντομάτες	*domates*

Frequent greetings include γεια σας *(ya sas) or* γεια σου *(ya soo) or* χαίρετε *(kherete).* Γεια σας *(ya sas) is the more formal form which should be used for adults unless you know them well when you may use* γεια σου *(ya soo). The latter is also used for young people.*

Hello *(formal)*
Χαίρετε
kherete

Hi / Bye *(informal)*
Γεια
ya

Good morning *(until lunch)*
Καλημέρα
kaleemera

Good afternoon/evening *(after about 5 pm)*
Καλησπέρα
kaleespera

Good night
Καληνύχτα
kaleeneekhta

Goodbye
Αντίο
andeeo

Pleased to meet you
Χάρηκα για τη γνωριμία
khareeka ya tee ghnoreemeea

It's a pleasure
Χαρά μου
khara moo

How are you?
Πώς είστε;
pos eeste

Fine, thanks
Πολύ καλά ευχαριστώ
polee kala efkhareesto

And you?
Εσείς;
esees

Have a good day
Καλημέρα
kaleemera

Have a good evening
Καλό βράδυ
kalo vradhee

These phrases are intended for use at the hotel desk. More details about rooms can be found in the ACCOMMODATION topic.

Do you have a room for tonight?
Έχετε δωμάτιο γι' απόψε;
ekhete dhomateeo yapopse

I booked a room...
Έκλεισα ένα δωμάτιο...
ekleesa ena dhomateeo...

in the name of...
στο όνομα...
sto onoma...

I'd like to see the room
Θα ήθελα να δω το δωμάτιο
tha eethela na dho to dhomateeo

Have you anything else?
Έχετε τίποτε άλλο;
ekhete teepote alo

Where can I park the car?
Πού μπορώ να παρκάρω;
poo boro na parkaro

What time is...?
Τι ώρα σερβίρεται...;
tee ora serveerete...

dinner
το δείπνο
to dheepno

breakfast
το πρωινό
to proeeno

We'll be back late tonight
Θα γυρίσουμε αργά το βράδυ
tha yeereesoome argha to vradhee

Do you lock the door?
Κλειδώνετε την πόρτα;
kleedhonete teen porta

The key, please
Το κλειδί, παρακαλώ
to kleedhee parakalo

room number...
αριθμός δωματίου...
areethmos dhomateeoo...

Are there any messages for me?
Υπάρχει μήνυμα για μένα;
eeparkhee meeneema ya mena

I'm leaving tomorrow
Φεύγω αύριο
fevgho avreeo

Please prepare the bill
Παρακαλώ ετοιμάστε το λογαριασμό
parakalo eteemaste to loghareeasmo

Can I leave my luggage until...?
Μπορώ να αφήσω τις βαλίτσες μου μέχρι...;
boro na afeeso tees valeetses moo mekhree...

■ ACCOMMODATION ■ ROOM SERVICE

bin liners οι σακούλες σκουπιδιών *sakooles skoopeedheeon*

bleach το λευκαντικό *lefkandeeko*

bottled gas το υγραέριο σε φιάλη *eeghraereeo se feealee*

bottle opener το ανοιχτήρι μπουκαλιών *aneekhteeree bookaleeon*

bucket ο κουβάς *koovas*

can opener το ανοιχτήρι για κονσέρβες *aneekhteeree ya konserves*

charcoal (for barbecue) τα κάρβουνα *karvoona*

dishcloth το πανί για τα πιάτα *panee ya ta peeata*

fork το πηρούνι *peeroonee*

kitchen roll το χαρτί κουζίνας *khartee koozeenas*

knife το μαχαίρι *makheree*

matches τα σπίρτα *speerta*

paper napkins οι χαρτοπετσέτες *khartopetsetes*

paper plates τα χάρτινα πιάτα *kharteena peeata*

plastic cups τα πλαστικά ποτήρια *plasteeka poteereea*

plastic cutlery τα πλαστικά μαχαιροπήρουνα *plasteeka makheropeeroona*

rubber gloves τα λαστιχένια γάντια *lasteekheneea ghandeea*

scouring pad (for pans) το συρματάκι για κατσαρόλες *seermatakee ya katsaroles*

silverfoil το ασημόχαρτο *aseemokharto*

soap το σαπούνι *sapoonee*

soap liquid (for clothes) το υγρό απορρυπαντικό *eeghro aporeepandeeko*

soap powder (for clothes) το απορρυπαντικό σε σκόνη *aporeepandeeko se skonee*

tea towel το ποτηρόπανο *poteeropano*

toilet paper το χαρτί υγείας *khartee eeyeeas*

washing-up liquid το υγρό πιάτων *eeghro peeaton*

■ SHOPPING

*As far as Greece is concerned, the Single European Market allows goods within the EC to travel freely. Businesses which supply goods to VAT-registered EC companies are required to complete a Sales List. The VAT (ΦΠΑ) code for Greece is **GR** followed by the Greek company's unified tax number (**ΑΦΜ**). VAT is paid at the rate of the destination country.*
Cyprus is not a full member of the EC and thus the regulations applying to the Single Market do not cover it.

What is your VAT registered number?
Ποιος είναι ο ΑΦΜ σας;
peeos eene o areethmos foroloyeekoo meetrooo sas

Our VAT number is... (GB followed by number)
Ο ΑΦΜ μας είναι...
o areethmos foroloyeekoo meetrooo mas eene...

The goods should be delivered to...
Τα πράγματα πρέπει να παραδοθούν στο...
ta praghmata prepee na paradothoon sto...

The consignment must be accompanied by an invoice
Τα εμπορεύματα πρέπει να συνοδεύονται από τιμολόγιο
ta eborevmata prepee na seenodhevonde apo teemoloyeeo

How long will it take to deliver?
Σε πόσο καιρό θα γίνει η παράδοση;
se poso kero tha yeenee ee paradhosee

Delivery will take...	days	weeks
Η παράδοση θα γίνει σε...	μέρες	βδομάδες
ee paradhosee tha yeenee se...	*meres*	*vdhomadhes*

Please fax a copy of the invoice
Παρακαλώ στείλτε με φαξ ένα αντίγραφο του τιμολογίου
parakalo steelte me fax ena andeeghrafo too teemoloyeeoo

Please confirm safe delivery of the goods
Παρακαλώ βεβαιώστε ασφαλή παράδοση των εμπορευμάτων
parakalo veveoste asfalee paradhosee ton eborevmaton

■ NUMBERS ■ OFFICE

51

| ΚΑΘΑΡΙΣΤΗΡΙΟ | DRY-CLEANER'S |
| ΣΚΟΝΗ ΠΛΥΣΙΜΑΤΟΣ | WASHING POWDER |

Where can I do some washing?
Που μπορώ να πλύνω μερικά ρούχα;
poo boro na pleeno mereeka rookha

Do you have a laundry service?
Έχετε υπηρεσία πλυντηρίου;
ekhete eepeereseea pleendeereeoo

When will my things be ready?
Πότε θα είναι έτοιμα τα πράγματά μου;
pote tha eene eteema ta praghmata moo

Is there a dry-cleaner's near here?
Υπάρχει καθαριστήριο εδώ κοντά;
eeparkhee kathareesteereeo edho konda

When does it open?
Πότε ανοίγει;
pote aneeyee

When does it close?
Πότε κλείνει;
pote kleenee

Is there somewhere to dry clothes?
Πού μπορώ να στεγνώσω ρούχα;
poo boro na steghnoso rookha

Can you iron these clothes?
Μπορείτε να σιδερώσετε αυτά τα ρούχα;
boreete na seedherosete afta ta rookha

Can I borrow an iron?
Μπορώ να δανειστώ ένα σίδερο;
boro na dhaneesto ena seedhero

■ ROOM SERVICE

Where can I go...?
Πού μπορώ να πάω για...;
poo bor**o** na p**a**o ya...

fishing	**riding**
ψάρεμα	ιππασία
ps**a**rema	eepas**ee**a

Is there a swimming pool?
Υπάρχει πισίνα;
eeparkhee pees**ee**na

When can we hire bikes?
Πότε μπορούμε να νοικιάσουμε ποδήλατα;
p**o**te bor**oo**me na neek**ee**asoome podh**ee**lata

Do you have cycling helmets?
Έχετε κράνη;
ekhete kr**a**nee

How much is it...? **per hour** **per day**
Πόσο κοστίζει...; την ώρα τη μέρα
p**o**so kost**ee**zee... teen **o**ra tee m**e**ra

What do you do in your spare time? *(informal)*
Τι κάνεις στον ελεύθερο χρόνο σου;
tee k**a**nees ston el**e**fthero khr**o**no soo

I like... **gardening** **sunbathing**
Μ' αρέσει... η κηπουρική η ηλιοθεραπεία
mar**e**see... ee keepooreek**ee** ee eeleeotherap**ee**a

I like... *(plus plural)* **sport**
Μ' αρέσουν... τα σπορ
mar**e**soon... ta spor

Do you like...? *(formal)* **Do you like...?** *(informal)*
Σας αρέσει...; Σου αρέσει...;
sas ar**e**see... soo ar**e**see...

■ MUSIC ■ SPORTS ■ TELEVISION ■ WALKING

17 October 1994	17 Οκτωβρίου 1994
Dear Sirs (commercial letter)	Αγαπητοί Κύριοι
Dear Sir / Madam	Αγαπητέ κύριε / Αγαπητή κυρία
Yours faithfully	Με τιμή
Dear Mr... / Dear Mrs...	Αγαπητέ κ. / Αγαπητή κ.
Yours sincerely	Με εκτίμηση
Dear Maria	Αγαπητή Μαρία
Best regards	Τους χαιρετισμούς μου
Dear Peter	Αγαπητέ Πέτρο
Love	Με αγάπη

Further to your letter of 7 May...
Σε απάντηση του γράμματός σας της 7ης Μαΐου...

Further to our telephone conversation...
Σε συνέχεια του τηλεφωνήματός μας...

Please find enclosed...
Εσωκλείουμε...

Thank you for the information / for your price list
Ευχαριστούμε για τις πληροφορίες / για τον τιμοκατάλογό σας

We are very sorry, but we are unable to...
Λυπούμαστε πολύ, αλλά δεν είμαστε σε θέση να...

I look forward to hearing from you
Προσβλέπω σε απάντησή σας

As soon as possible
Το συντομότερο δυνατό

■ FAX ■ OFFICE

ΣΥΛΛΟΓΗ ΑΠΟΣΚΕΥΩΝ	**BAGGAGE RECLAIM**
ΑΝΑΖΗΤΗΣΗ ΑΠΟΣΚΕΥΩΝ	**LEFT-LUGGAGE OFFICE**
ΚΑΡΟΤΣΑΚΙ ΑΠΟΣΚΕΥΩΝ	**LUGGAGE TROLLEY**

My luggage hasn't arrived

Οι αποσκευές μου δεν έφτασαν
ee aposkeves moo dhen eftasan

My suitcase has arrived damaged

Η βαλίτσα μου έφτασε χαλασμένη
ee valeetsa moo eftase khalasmenee

What's happened to the luggage on the flight from...?

Τι συνέβη στις αποσκευές της πτήσης από...;
tee seenevee stees aposkeves tees pteesees apo...

Where can I get a trolley, please?

Που μπορώ να βρω ένα καρότσι, παρακαλώ;
poo boro na vro ena karotsee parakalo

When does the left luggage office open / close?

Πότε ανοίγει / κλείνει το γραφείο αναζήτησης αποσκευών;
pote aneeyee / kleenee to ghrafeeo anazeeteesees aposkevon

I'd like to leave this suitcase...

Θα ήθελα να αφήσω αυτή τη βαλίτσα...
tha eethela na afeeso aftee tee valeetsa...

until ... o'clock

μέχρι τις ... η ώρα
mekhree tees ... ee ora

overnight

όλη νύχτα
olee neekhta

till Saturday

μέχρι το Σάββατο
mekhree to savato

Can I leave my luggage here?

Μπορώ να αφήσω εδώ τις αποσκευές μου;
boro na afeeso edho tees aposkeves moo

I'll collect it at...

Θα τις πάρω στις...
tha tees paro stees...

■ YOU MAY HEAR

Μπορείτε να τις αφήσετε εδώ μέχρι τις 6 η ώρα
boreete na tees afeesete edho mekhree tees eksee ee ora
You may leave it here until 6 o'clock

In this section we have used the informal form for the questions.

What's your name?
Πώς σε λένε;
pos se lene

My name is...
Με λένε...
me lene...

How old are you?
Πόσων χρονών είσαι;
poson khronon eese

I'm ... years old
Είμαι ... χρονών
eeme ... khronon

Are you from Greece?
Είσαι από την Ελλάδα
eese apo teen eladha

I'm from England/Scotland/America
Είμαι από την Αγγλία/Σκοτία/Αμερική
eeme apo teen angleea / skoteea / amereekee

Where do you live?
Πού μένεις;
poo menees

Where do you live? *(plural)*
Πού μένετε;
poo menete

I live in London
Ζω στο Λονδίνο
zo sto londheeno

We live in Glasgow
Ζούμε στη Γλασκόβη
zoome stee ghlaskovee

I'm still studying
Σπουδάζω ακόμη
spoodhazo akomee

I work
Εργάζομαι
erghazome

I'm retired
Είμαι συνταξιούχος
eeme seendakseeookhos

I'm... **single**
Είμαι... ελεύθερος(-η)
eeme... elefther-os(-ee)

married
παντρεμένος(-η)
pandremen-os(-ee)

divorced
χωρισμένος(-η)
khoreesmen-os(-ee)

I have... **a boyfriend**
Έχω... αγόρι
ekho... aghoree

a girlfriend
κορίτσι
koreetsee

a partner
σύντροφο
seendrofo

I have ... children
Έχω ... παιδιά
ekho ... pedheea

I have no children
Δεν έχω παιδιά
dhen ekho pedheea

I'm here...
Βρίσκομαι εδώ...
vreeskome edho...

on holiday
για διακοπές
ya dheeakopes

for work
για δουλειά
ya dhooleea

■ LEISURE/INTERESTS ■ SPORTS ■ WEATHER ■ WORK

You can buy maps and newspapers at kiosks in the big cities.

Have you...?   **a map of the town**
Έχετε...;   έναν χάρτη της πόλης
ekhete...   *enan khartee tees polees*

Can you show me where ... is on the map?
Μπορείτε να μου δείξετε την ... πάνω στο χάρτη;
boreete na moo dheeksete teen ... pano sto khartee

Do you have a detailed map of the area?
Μήπως έχετε έναν λεπτομερή χάρτη της περιοχής;
meepos ekhete enan leptomeree khartee tees pereeokhees

Can you draw me a map?
Μπορείτε να μου σχεδιάσετε έναν χάρτη;
boreete na moo skhedheeasete enan khartee

Have you...?   **a guide book**   **a leaflet**   **in English**
Έχετε...;   έναν οδηγό   έναν φυλλάδιο   στα αγγλικά
ekhete...   *enan odheegho*   *enan feeladheeo*   *sta angleeka*

I'd like the English language version *(of a cassette guide)*
Θα ήθελα την αγγλόφωνη (κασέτα)
tha eethela teen anglofonee (kaseta)

Where can I buy an English newspaper?
Πού μπορώ να αγοράσω αγγλική εφημερίδα;
poo boro na aghoraso angleekee efemereedha

Do you have any English newspapers / English books?
Μήπως έχετε αγγλικές εφημερίδες / αγγλικά βιβλία;
meepos ekhete angleekes efemereedhes / agleeka veevleea

When do the English newspapers arrive?
Πότε φτάνουν οι αγγλικές εφημερίδες;
pote ftanoon ee angleekes efemereedhes

Please reserve *(name newspaper)* **for me**
Παρακαλώ κρατήστε μου μία...
parakalo krateeste moo meea...

■ DIRECTIONS ■ SIGHTSEEING & TOURIST OFFICE

■ LIQUIDS

1/2 litre... *(c.1 pint)*	μισό λίτρο...	meeso leetro...
a litre of...	ένα λίτρο...	ena leetro...
a bottle of...	ένα μπουκάλι...	ena bookalee...
a glass of...	ένα ποτήρι...	ena poteeree...

■ WEIGHTS

100 grams	εκατό γραμμάρια	ekato ghramareea
1/2 kilo of... *(500 g)*	μισό κιλό...	meeso keelo...
a kilo of... *(1000 g)*	ένα κιλό...	ena keelo...

■ FOOD

a slice of...	μία φέτα...	meea feta...
a portion of...	μία μερίδα...	meea mereedha...
a dozen...	μία ντουζίνα...	meea doozeena...
a box of...	ένα κουτί...	ena kootee...
a packet of...	ένα πακέτο...	ena paketo...
a tin of...	ένα κουτί...	ena kootee...
a jar of...	ένα βάζο...	ena vazo...

■ MISCELLANEOUS

1000 Dr	χίλιες δραχμές	kheeleees dhrakhmes
1£C	μία λίρα	meea leera
a third	ένα τρίτο	ena treeto
a quarter	ένα τέταρτο	ena tetarto
ten per cent	δέκα τοις εκατό	dheka tees ekato
more...	περισσότερο...	pereesotero...
less...	λιγότερο...	leeghotero...
enough	αρκετό	arketo
double	διπλό	dheeplo
twice	διπλάσιο	dheeplaseeo
three times	τριπλάσιο	treeplaseeo

■ FOOD ■ SHOPPING

Banks in Greece and Cyprus are generally open only during the morning (Greece: 0830–1300, Cyprus 0830–1200), although in tourist areas some may open outside these hours.

ΤΡΑΠΕΖΑ	BANK
ΣΥΝΑΛΛΑΓΜΑ	EXCHANGE
ΤΑΞΙΔΙΩΤΙΚΕΣ ΕΠΙΤΑΓΕΣ	TRAVELLER'S CHEQUES
ΤΑΜΕΙΟ	CASH DESK
ΩΡΕΣ ΛΕΙΤΟΥΡΓΙΑΣ	OPENING HOURS
ΠΙΣΤΩΤΙΚΕΣ ΚΑΡΤΕΣ	CREDIT CARDS

Where can I change some money?
Πού μπορώ να αλλάξω χρήματα;
*poo bor**o** na al**a**kso khr**ee**mata*

I want to change these traveller's cheques
Θέλω να αλλάξω αυτές τις ταξιδιωτικές επιταγές
*th**e**lo na al**a**kso aft**e**s tees takseedheeoteek**e**s epeetay**e**s*

When does the bank open? When does the bank close?
Πότε ανοίγει η τράπεζα; Πότε κλείνει η τράπεζα;
*p**o**te an**ee**yee ee tr**a**peza* *p**o**te kl**ee**nee ee tr**a**peza*

Can I pay with traveller's cheques?
Μπορώ να πληρώσω με ταξιδιωτικές επιταγές;
*bor**o** na pleer**o**so me takseedheeoteek**e**s epeetay**e**s*

Can I use my credit card to get Drachma?
Μπορώ να πάρω δραχμές με την πιστωτική μου κάρτα;
*bor**o** na p**a**ro dhrakhm**e**s me teen peestoteek**ee** moo k**a**rta*

Can I use my credit card to get Cypriot pounds?
Μπορώ να πάρω κυπριακές λίρες με την πιστωτική μου κάρτα;
*bor**o** na p**a**ro keepreeak**e**s l**e**res me teen peestoteek**ee** moo k**a**rta*

Do you have any loose change?
Μήπως έχετε καθόλου ψιλά;
*m**ee**pos **e**khete kath**o**loo pse**e**la*

■ **PAYING**

Motorbike hire is a popular and economical form of transport in both Greece and Cyprus. Motorbikes are however the source of a great number of injuries. Regulations requiring the wearing of crash helmets are widely flouted. When hiring check that the machine is mechanically sound as well as insurance provided.

I want to hire...	a motorcycle	a moped
Θέλω να νοικιάσω...	μοτοσικλέτα	μοτοποδήλατο
thelo na neekeeaso...	*motoseekleta*	*motopodheelato*

for the day	for the morning	for the afternoon
για μία μέρα	για το πρωί	για το απόγευμα
ya meea mera	*ya to prooee*	*ya to apoyevma*

Is a crash helmet included in the price?
Το κράνος περιλαμβάνεται στην τιμή;
to kranos pereelamvanete steen teemee

Is insurance included in the price?
Η ασφάλιση περιλαμβάνεται στην τιμή;
ee asfaleesee pereelamvanete steen teemee

I want to pay by credit card
Θέλω να πληρώσω με πιστωτική κάρτα
thelo na pleeroso me peestoteekee karta

The ... does not work	The ... do not work
ο/η/το ... δε λειτουργεί	οι/τα ... δε λειτουργούν
o/ee/to ... dhe leetooryee	*ee/ta ... dhe leetoorghoon*

Have you a map of the area?	What can we visit?
Έχετε χάρτη της περιοχής;	Τι μπορούμε να επισκεφτούμε;
ekhete khartee tees pereeokhees	*tee boroome na episkeftoome*

This does not look safe
Αυτό δε δείχνει ασφαλές
afto dhe dheekhnee asfales

What is your phone number?
Ποιος είναι ο αριθμός τηλεφώνου σας;
peeos eene o areethmos teelefonoo sas

■ CAR-HIRE ■ PETROL STATION

Are there any good concerts on?
Δίδεται κανένα καλό κονσέρτο;
dheedhete kanena kalo konserto

Where can I get tickets?
Πού μπορώ να βγάλω εισιτήρια;
poo boro na vghalo eeseeteereea

Where can I hear some Greek music and songs?
Πού μπορώ να ακούσω ελληνική μουσική και τραγούδια;
poo boro na akooso eleeneekee mooseekee ke traghoodheea

What sort of music do you like?
Τι είδους μουσική σας αρέσει;
tee eedhoos mooseekee sas aresee

I like...
Μ' αρέσει...
maresee...

Which is your favourite group?
Ποιο είναι το αγαπημένο σας συγκρότημα;
peeo eene to aghapeemeno sas seengroteema

Who is your favourite singer?
Ποιος είναι ο αγαπημένος σας τραγουδιστής;
peeos eene o aghapeemenos sas traghoodheestees

Can you play any musical instruments?
Παίζετε κάποιο μουσικό όργανο;
pezete kapeeo mooseeko orghano

I play...	**the guitar**	**the piano**	**the clarinet**
Παίζω...	κιθάρα	πιάνο	κλαρίνο
pezo...	*keethara*	*peeano*	*klareeno*

Have you been to any good concerts recently?
Έχετε πάει σε καμιά καλή συναυλία τελευταία;
ekhete paee se kameea kalee seenavleea teleftea

Do you like opera?
Σας αρέσει η όπερα;
sas aresee ee opera

Do you like pop music?
Σας αρέσει η ποπ;
sas aresee ee pop

■ ENTERTAINMENT

0	μηδέν	meedhen	1st	πρώτος	protos
1	ένα	ena			
2	δύο	dheeo	2nd	δεύτερος	dhefteros
3	τρία	treea			
4	τέσσερα	tesera	3rd	τρίτος	treetos
5	πέντε	pende			
6	έξι	eksi	4th	τέταρτος	tetartos
7	εφτά	efta			
8	οχτώ	okhto	5th	πέμπτος	pemtos
9	εννιά	eneea			
10	δέκα	dheka	6th	έκτος	ektos
11	έντεκα	endeka			
12	δώδεκα	dhodheka	7th	έβδομος	evdhomos
13	δεκατρία	dhekatreea			
14	δεκατέσσερα	dhekatesera	8th	όγδοος	oghdhoos
15	δεκαπέντε	dhekapende			
16	δεκαέξι	dhekaeksee	9th	ένατος	enatos
17	δεκαεφτά	dhekaefta			
18	δεκαοχτώ	dhekaokhto	10th	δέκατος	dhekatos
19	δεκαεννιά	dhekaeneea			
20	είκοσι	eekosee			
21	είκοσι ένα	eekosee ena			
22	είκοσι δύο	eekosee dheeo			
23	είκοσι τρία	eekosee treea			
24	είκοσι τέσσερα	eekosee tesera			
25	είκοσι πέντε	eekosee pende			
26	είκοσι έξι	eekosee eksee			
30	τριάντα	treeanda			
40	σαράντα	saranda			
50	πενήντα	peneenda			
60	εξήντα	ekseenda			
70	εβδομήντα	evdhomeenda			
80	ογδόντα	oghdhonda			
90	ενενήντα	eneneenda			
100	εκατό	ekato			
110	εκατό δέκα	ekato dheka			
500	πεντακόσια	pendakoseea			
1,000	χίλια	kheeleea			
2,000	δύο χιλιάδες	dheeo kheeleeadhes			
1 million	ένα εκατομμύριο	ena ekatomeereeo			

I'd like to speak to the manager
Θα ήθελα να μιλήσω στο διευθυντή
*tha **ee**thela na mee**lee**so sto dheeeef**theen**tee*

What is your address?
Ποια είναι η διεύθυνσή σας;
*peea **ee**ne ee dhee**eef**theen**see** sas*

Which floor?
Σε ποιον όροφο;
*se peeon **o**rofo*

Can you photocopy this for me?
Μπορείτε να μου το φωτοτυπήσετε;
*bor**ee**te na moo to fototee**pee**sete*

Can you send it express?
Μπορείτε να το στείλετε κατεπείγον;
*bor**ee**te na to **stee**lete katep**ee**ghon*

Can you send this?
Μπορείτε να το στείλετε;
*bor**ee**te na to **stee**lete*

What time does the office open?
Τι ώρα ανοίγει το γραφείο;
*tee **o**ra an**ee**yee to ghraf**ee**o*

What time does the office close?
Τι ώρα κλείνει το γραφείο;
*tee **o**ra kl**ee**nee to ghraf**ee**o*

How do I get to your office?
Πώς θα ρθω στο γραφείο σας;
*pos tha rtho sto ghraf**ee**o sas*

■ YOU MAY HEAR

Παρακαλώ καθήστε
*parakal**o** kath**ee**ste*
Please take a seat

...δε θα αργήσει
*...dhe tha ar**yee**see*
...will not be long

Ένα λεπτό παρακαλώ
*ena lepto parakal**o***
One moment please

■ BUSINESS ■ FAX ■ LETTERS

ΣΥΝΟΛΟ	TOTAL
ΛΟΓΑΡΙΑΣΜΟΣ	BILL
ΤΑΜΕΙΟ	CASH DESK
ΤΙΜΟΛΟΓΙΟ	INVOICE
ΠΛΗΡΩΣΤΕ ΣΤΟ ΤΑΜΕΙΟ	PAY AT THE CASH DESK
ΑΠΟΔΕΙΞΗ	RECEIPT

How much is it?
Πόσο κάνει;
poso kanee

How much will it be?
Πόσο θα κοστίσει;
poso tha kosteesee

Can I pay...?
Μπορώ να πληρώσω...;
boro na pleeroso...

by credit card
με πιστωτική κάρτα
me peestoteekee karta

by cheque
με τσέκ
me tsek

Do you take credit cards?
Παίρνετε πιστωτικές κάρτες;
pernete peestoteekes kartes

Are taxes included?
Περιλαμβάνονται οι φόροι;
pereelamvanonte ee foree

Is VAT included?
Περιλαμβάνεται ο ΦΠΑ;
pereelamvanete o fee pee a

Put it on my bill
Βάλτε το στο λογαριασμό μου
valte to sto loghareeasmo moo

I need a receipt
Χρειάζομαι απόδειξη
khreeazome apodheeksee

Do I pay in advance?
Προπληρώνω;
propleerono

Where do I pay?
Πού πληρώνω;
poo pleerono

I'm sorry but I've nothing smaller
Λυπάμαι αλλά δεν έχω ψιλά
leepame ala dhen ekho pseela

■ MONEY ■ SHOPPING

2 ΑΣΤΕΡΩΝ	2 STAR
4 ΑΣΤΕΡΩΝ	4 STAR
ΑΜΟΛΥΒΔΗ	UNLEADED
ΠΕΤΡΕΛΑΙΟ	DIESEL
ΒΕΝΖΙΝΗ	PETROL
ΑΝΤΛΙΑ ΒΕΝΖΙΝΗΣ	PETROL PUMP

Is there a petrol station near here?

Υπάρχει βενζινάδικο εδώ κοντά;
eeparkhee venzeenadheeko edho konta

Fill it up, please

Γεμίστε το, παρακαλώ
yemeeste to parakalo

Please check the oil / the water?

Παρακαλώ ελέγξτε τα λάδια / το νερό;
parakalo elenkste ta ladheea / to nero

...drachma /...pounds worth of unleaded petrol

αμόλυβδη βενζίνη για ...δραχμές / ...λίρες
amoleevdhee venzeenee ya ...drakhmes / ...leeres

Where is...?

Πού είναι...;
poo eene...

the air line

η παροχή του αέρα
ee parokhee too aera

the water

το νερό
to nero

Please check the tyres

Παρακαλώ ελέγξτε τα λάστιχα
parakalo elenkste ta lasteekha

Please fill this can with petrol

Παρακαλώ γεμίστε αυτό το δοχείο με βενζίνη
parakalo yemeeste afto to dhokheeo me venzeenee

Can I pay with this credit card?

Μπορώ να πληρώσω με (πιστωτική) κάρτα;
boro na pleeroso me (peestoteekee) karta

■ YOU MAY HEAR

Ποια αντλία χρησιμοποιήσατε;
peea antleea khreeseemopeeeesate
Which pump did you use?

Τι κάρτα έχετε;
tee karta ekhete
Which card do you have?

■ BREAKDOWNS ■ CAR ■ MOTORBIKE–HIRE

ΦΑΡΜΑΚΕΙΟ	PHARMACY / CHEMIST
ΔΙΑΚΥΚΤΕΡΕΥΕΙ	OPEN ALL NIGHT
ΣΥΝΤΑΓΗ	PRESCRIPTION

I don't feel well
Δεν αισθάνομαι καλά
dhen esthanome kala

Have you something for...?
Έχετε τίποτε για...;
ekhete teepote ya...

sunburn
τα εγκαύματα
ta engavmata

travel sickness
τη ναυτία
tee nafteea

diarrhoea
τη διάρροια
tee dheeareea

sunstroke
τη ηλίαση
tee eeleeasee

a headache
τον πονόδοντο
ton ponodhonto

I have a rash
Έχω ένα εξάνθημα
ekho ena eksantheema

Is it safe for children?
Είναι ασφαλές για παιδιά;
eene asfales ya pedheea

How much should I give?
Πόσο πρέπει να δώσω;
poso prepee na dhoso

■ YOU MAY HEAR

Να το παίρνετε τρεις φορές την ημέρα πριν / με / μετά το φαγητό
na to pernete trees fores teen eemera preen / me / meta to fayeeto
Take it three times a day before / with / after meals

■ WORDS YOU MAY NEED

antiseptic	το αντισηπτικό	andeeseepteeko
aspirin	η ασπιρίνη	aspeereenee
condoms	τα προφυλακτικά	profeelakteeka
dental floss	το οδοντικό νήμα	odhonteeko neema
period pains	ο πόνος περιόδου	ponos pereeodhoo
plasters	το λευκοπλάστ	lefkoplast
sanitary pads	οι σερβιέτες	serveeetes
sore throat	ο πονόλαιμος	ponolemos
tampons	το ταμπόν	tambon
toothpaste	η οδοντόπαστα	odhontopasta

■ BODY ■ DOCTOR

Although tapes for video cameras and camcorders can be bought in the major towns, if you are staying in a more remote area, it is wise to take enough film and tapes for your requirements.

Where can I buy tapes for a video camera?
Πού μπορώ να αγοράσω κασέτες για βιντεοκάμερα;
poo boro na aghoraso kasetes ya videocamera

A colour film
Ένα έγχρωμο φιλμ
ena enkhromo film

with 24 / 36 exposures
εικοσιτεσσάρι / τριανταεξάρι
eekoseetesaree / treeantaeksaree

Have you batteries...?
Έχετε μπαταρίες...;
ekhete batareees...

for this camera / video camera
γι'αυτή τη φωτογραφική μηχανή / βιντεοκάμερα
yaftee tee fotoghrafeekee meekhanee / videocamera

Can you develop this film?
Μπορείτε να εμφανίσετε αυτό το φιλμ;
boreete na emfaneesete afto to film

How much will it be?
Πόσο θα κοστίσει;
poso tha kosteesee

I'd like mat / glossy prints
Θα ήθελα ματ / γυαλιστερές φωτογραφίες
tha eethela mat / yaleesteres fotoghrafeees

When will the photos be ready?
Πότε θα είναι έτοιμες οι φωτογραφίες;
pote tha eene eteemes ee fotoghrafeees

The film is stuck
Το φιλμ κόλλησε
to film kolleese

Can you take it out for me?
Μπορείτε να μου το βγάλετε;
boreete na moo to vghalete

Is it OK to take pictures here?
Πειράζει αν τραβήξω φωτογραφίες εδώ;
peerazee an traveekso fotoghrafeees edho

Would you take a picture of us, please?
Μπορείτε να μας τραβήξετε μία φωτογραφία, παρακαλώ;
boreete na mas traveeksete meea fotoghrafeea parakalo

■ SHOPPING

Main post offices are open all day in Greece. In Cyprus they open from 0730–1330 (1300 in summer).

ΤΑΧΥΔΡΟΜΕΙΟ	POST OFFICE
ΤΑΧΥΔΡΟΜΙΚΟ ΚΟΥΤΙ	POSTBOX
ΓΡΑΜΜΑΤΟΣΗΜΑ	STAMPS

Is there a post office near here?
Υπάρχει ταχυδρομείο εδώ κοντά;
eeparkhee takheedhromeeo edho konta

Where can I buy stamps?
Πού μπορώ να αγοράσω γραμματόσημα;
poo boro na aghoraso ghramatoseema

Stamps for postcards to Great Britain
Γραμματόσημα για κάρτες για τη Μεγάλη Βρετανία
ghramatoseema ya kartes ya tee meghalee vretaneea

I want to send this letter registered post
Θέλω να στείλω αυτό το γράμμα συστημένο
thelo na steelo afto to ghrama seesteemeno

How much is it to send this parcel?   by air
Πόσο κοστίζει να στείλω αυτό το πακέτο;   αεροπορικώς
poso kosteezee na steelo afto to paketo   *aeroporeekos*

The value of contents is ... drachma /... pounds
Η αξία τού περιεχόμενου είναι ... δραχμές / ... λίρες
ee akseea too peree-ekhomenoo eene ... dhrakhmes /... leeres

It's a gift
Είναι δώρο
eene dhoro

■ YOU MAY HEAR

Συμπληρώστε αυτό το έντυπο
seempleeroste afto to enteepo
Fill in this form

68

Can you help me?
Μπορείτε να με βοηθήσετε;
boreete na me voeetheesete

I only speak a little Greek
Μιλώ μόνο λίγα ελληνικά
meelo mono leegha eleeneeka

Does anyone here speak English?
Μιλά κανείς εδώ αγγλικά;
meela kanees edho angleeka

What's the matter?
Τι συμβαίνει;
tee seemvenee

I would like to speak to whoever is in charge
Θα ήθελα να μιλήσω στον υπεύθυνο
tha eethela na meeleeso ston eepeftheeno

I'm lost
Έχω χαθεί
ekho khathee

How do I get to...?
Πώς θα πάω στο...;
pos tha pao sto...

I've missed...
Έχασα...
ekhasa...

my bus
το λεωφορείο μου
to leoforeeo moo

my plane
το αεροπλάνο μου
to aeroplano moo

I missed my flight because of a strike
Έχασα την πτήση μου εξαιτίας απεργίας
ekhasa teen pteesee moo ekseteeas aperyeeas

The coach has left without me
Το πούλμαν έφυγε χωρίς εμένα
to poolman efeeye khorees emena

Can you show me how this works?
Μπορείτε να μου δείξετε πώς δουλεύει αυτό;
boreete na moo dheeksete pos dhoolevee afto

I have lost my purse
Έχασα το πορτοφόλι μου
ekhasa to portofolee moo

I need to get to...
Πρέπει να φτάσω στο...
prepee na ftaso sto...

Leave me alone!
Αφήστε με ήσυχο!
afeeste me eeseekho!

Go away!
Να φύγετε!
na feeyete!

■ COMPLAINTS ■ EMERGENCIES

Do you have...?
Έχετε...;
ekhete...

When...?
Πότε...;
pote...

At what time...?
Τι ώρα...;
tee ora...

What time is it?
Τι ώρα είναι;
tee ora eene

Where is/are...?
Πού είναι...;
poo eene...

Can I...?
Μπορώ...;
boro...

Can we...?
Μπορούμε...;
boroome...

Is it...? / Are they...?
Είναι...;
eene...

Is there ...?
Υπάρχει...;
eeparkhee...

Are there...?
Υπάρχουν...;
eeparkhoon...

Is it far?
Είναι μακριά;
eene makreea

Who are you?
Ποιος είστε;
peeos eeste

Who...?
Ποιος...;
peeos...

What...?
Τι...;
tee...

Why...?
Γιατί...;
yatee...

How many?
Πόσοι; / Πόσες; / Πόσα;
posee / poses / posa

How much is it?
Πόσο κάνει;
poso kanee

How...?
Πώς...;
pos...

Which one?
Ποιο...;
peeo...

Where are the toilets?
Πού είναι οι τουαλέτες;
poo eene ee tooaletes

■ BASICS

ΕΠΙΔΙΟΡΘΩΣΕΙΣ ΥΠΟΔΗΜΑΤΩΝ	SHOE REPAIR SHOP
ΦΤΙΑΧΝΟΝΤΑΙ ΕΝΩ ΠΕΡΙΜΕΝΕΤΕ	REPAIRS WHILE YOU WAIT

This is broken
Έσπασε αυτό
espase afto

Where can I get this repaired?
Πού θα μου το επισκευάσουν;
poo tha moo to epeeskevasoon

Is it worth repairing?
Αξίζει τον κόπο να επισκευαστεί;
akseezee ton kopo na epeeskevastee

Can you repair...?
Μπορείτε να επισκευάσετε...;
boreete na epeeskevasete...

these shoes
αυτά τα παπούτσια
afta ta papootseea

my watch
το ρολόι μου
to roloee moo

How much will it be?
Πόσο θα κοστίσει;
poso tha kosteesee

Can you do it straightaway?
Μπορείτε να το φτιάξετε αμέσως;
boreete na to fteeaksete amesos

How long will it take?
Πόσο χρόνο θα πάρει;
poso khrono tha paree

When will it be ready?
Πότε θα είναι έτοιμο;
pote tha eene eteemo

Where can I have my shoes reheeled?
Πού μπορώ να βάλω τακούνια στα παπούτσια μου;
poo boro na valo takooneea sta papootseea moo

I need...
Χρειάζομαι...
khreeazome...

some glue
λίγη κόλα
leeyee kola

some Sellotape®
λίγο σελοτέιπ
leegho seloteeep

a light bulb
ένα γλόμπο
ena ghlobo

an electrical fuse
μία (ηλεκτρική) ασφάλεια
meea (eelektreekee) asfaleea

Do you have a needle and thread?
Έχετε βελόνα και κλωστή;
ekhete velona ke klostee

The lights have fused
Κάηκε η ασφάλεια
ka-eeke ee asfaleea

■ **BREAKDOWNS**

ROOM SERVICE ———————————— ENGLISH-GREEK

Come in!
Περάστε!
peraste

Please come back later
Παρακαλώ να περάσετε αργότερα
parakalo na perasete arghotera

I'd like breakfast in my room
Θα ήθελα το πρωινό στο δωμάτιο
tha eethela to proeeno sto dhomateeo

Please bring me...
Παρακαλώ φέρτε μου...
parakalo ferte moo...

a glass
ένα ποτήρι
ena poteeree

clean towels
καθαρές πετσέτες
kathares petsetes

toilet paper
χαρτί υγείας
khartee eeyeeas

I'd like an early morning call tomorrow
Θα ήθελα να με ξυπνήσετε νωρίς το πρωί
tha eethela na me kseepneesete norees to proee

at 6 o'clock
στις έξι η ώρα
stees eksee ee ora

at 6.30
στις εξήμισι
stees ekseemeesee

at 7 o'clock
στις εφτά η ώρα
stees efta ee ora

I'd like an outside line
Θα ήθελα μία εξωτερική γραμμή
tha eethela meea eksotereekee ghramee

This doesn't work
Δε δουλεύει αυτό
dhe dhoolevee afto

Please can you repair it
Μπορείτε να το επιδιορθώσετε παρακαλώ
boreete na to epeedheeorthosete parakalo

I need more coat hangers
Χρειάζομαι περισσότερες κρεμάστρες
khreeazome pereesoteres kremastres

Do you have a laundry service?
Έχετε υπηρεσία πλυντηρίου;
ekhete eepereseea pleenteereeoo

■ HOTEL ■ LAUNDRY ■ TELEPHONE

| ΤΑΜΕΙΟ | CASH DESK |
| ΕΔΩ ΠΛΗΡΩΝΕΤΕ | PAY HERE |

How do I get to the main shopping area?
Πώς θα πάω στο εμπορικό κέντρο;
pos tha pao sto emporeeko kentro

I'm looking for a present for...
Ψάχνω για ένα δώρο για...
psakhno ya ena dhoro ya...

my mother	a child
τη μητέρα μου	ένα παιδί
tee meetera moo	*ena pedhee*

Where can I buy...?
Πού μπορώ να αγοράσω...;
poo boro na aghoraso...

toys	gifts
παιχνίδια	δώρα
pekhneedheea	*dhora*

Can you recommend any good shops?
Έχετε να προτείνετε κάποια καλά μαγαζιά;
ekhete na proteenete kapeea kala maghazeea

Which floor are shoes on?
Σε ποιον όροφο είναι τα παπούτσια;
se peeon orofo eene ta papootseea

I'd like something similar to this
Θα ήθελα κάτι παρόμοιο μ' αυτό
tha eethela katee paromeeo mafto

It's too expensive
Είναι πολύ ακριβό
eene polee akreevo

Have you anything else?
Έχετε τίποτε άλλο;
ekhete teepote alo

Is there a market?
Υπάρχει λαϊκή αγορά;
eeparkhee laeekee aghora

Which day?
Ποια μέρα;
peea mera

■ YOU MAY HEAR

Μπορώ να σας βοηθήσω;
boro na sas voeetheeso
Can I help you?

Θέλετε τίποτε άλλο;
thelete teepote alo
Would you like anything else?

■ CLOTHES ■ PAYING ■ SHOPS

baker's	ΑΡΤΟΠΟΙΕΙΟ artopee-**ee**o
bookshop	ΒΙΒΛΙΟΠΩΛΕΙΟ veevleeopol**ee**o
butcher's	ΚΡΕΟΠΩΛΕΙΟ kreopol**ee**o
cake shop	ΖΑΧΑΡΟΠΛΑΣΤΕΙΟ zakharoplast**ee**o
clothes (women's)	ΕΝΔΥΜΑΤΑ (ΓΥΝΑΙΚΕΙΑ) endh**ee**mata (yeenek**ee**a)
clothes (men's)	ΕΝΔΥΜΑΤΑ (ΑΝΔΡΙΚΑ) endh**ee**mata (andhr**ee**ka)
clothes (children's)	ΕΝΔΥΜΑΤΑ (ΠΑΙΔΙΚΑ) endh**ee**mata (pedh**ee**ka)
dry-cleaner's	ΚΑΘΑΡΙΣΤΗΡΙΟ kathareest**ee**reeo
electrical goods	ΗΛΕΚΤΡΙΚΑ ΕΙΔΗ eelektrik**a** **ee**dhee
fishmonger's	ΨΑΡΑΔΙΚΟ psar**a**dheeko
furniture	ΕΠΙΠΛΑ ep**ee**pla
gifts	ΔΩΡΑ dh**o**ra
greengrocer's	ΜΑΝΑΒΙΚΟ man**a**veeko
grocer's	ΠΑΝΤΟΠΩΛΕΙΟ pantopol**ee**o
hairdresser's	ΚΟΜΜΩΤΗΡΙΟ komot**ee**rreeo
household (goods)	ΕΙΔΗ ΣΠΙΤΙΟΥ **ee**dhee spet**ee**oo
ironmonger's	ΣΙΔΕΡΑΔΙΚΟ seedher**a**dheeko
jeweller's	ΧΡΥΣΟΧΟΕΙΟ khreesokho**ee**o
market	ΑΓΟΡΑ agh**o**ra
pharmacy	ΦΑΡΜΑΚΕΙΟ farmak**ee**o
self-service	ΑΥΤΟΕΞΥΠΗΡΕΤΗΣΗ aftoekseepeer**e**teesee
shoe shop	ΚΑΤΑΣΤΗΜΑ ΥΠΟΔΗΜΑΤΩΝ kat**a**steema eepodheem**a**ton
shop	ΚΑΤΑΣΤΗΜΑ kat**a**steema
sports shop	ΑΘΛΗΤΙΚΑ ΕΙΔΗ athleeteek**a** **ee**dhee
stationer's	ΧΑΡΤΟΠΩΛΕΙΟ khartopol**ee**o
supermarket	ΣΟΥΠΕΡΜΑΡΚΕΤ supermarket
tobacconist's	ΕΙΔΗ ΚΑΠΝΙΣΤΟΥ **ee**dhee kapneest**oo**
toy shop	ΠΑΙΧΝΙΔΙΑ pekhn**ee**dheea

■ SHOPPING

The Greek Tourist Organization (EOT) has offices in the larger towns in Greece as does the Cyprus Tourism Organization (KOT) in the larger towns in Cyprus. If you are looking for somewhere to stay they should have details of hotels, campsites, etc.

Where is the tourist office?
Πού είναι το τουριστικό γραφείο;
poo eene to tooreesteeko ghrafeeo

What can we visit in the area?
Τι μπορούμε να δούμε σ' αυτή την περιοχή;
tee boroome na dhoome saftee teen pereeokhee

When can we visit...?
Πότε μπορούμε να επισκευθούμε...;
pote boroome na epeeskefthoome...

the church	the museum	the Acropolis
την εκκλησία	το μουσείο	την Ακρόπολη
teen ekleeseea	*to mooseeo*	*teen akropolee*

We'd like to go to...
Θα θέλαμε να πάμε στο...
tha thelame na pame sto...

Are there any excursions?
Γίνονται εκδρομές;
yeenonte ekdhromes

When does it leave?
Πότε φεύγει;
pote fevyee

Where does it leave from?
Από πού φεύγει;
apo poo fevyee

How much does it cost to get in?
Πόσο κάνει η είσοδος;
poso kanee ee eesodhos

Are there any reductions for...?
Γίνεται έκπτωση για...;
yeenete ekptosee ya...

children	students	unemployed	senior citizens
παιδιά	φοιτητές	άνεργους	ηλικιωμένους
pedheea	*feeteetes*	*anerghoos*	*eeleekeeomenoos*

■ ENTERTAINMENT ■ MAPS, GUIDES & NEWSPAPERS

ΑΝΟΙΚΤΟ
OPEN

ΚΕΝΤΡΟ
CENTRE

ΣΤΑΣΗ
(ΛΕΩΦΟΡΕΙΟΥ)
STOP (BUS)

ΑΥΤΟΕΞΥΠΗΡΕΤΗΣΗ
SELF-SERVICE

ΑΝΔΡΕΣ
GENTS

ΤΑΜΕΙΟ
CASH DESK

ΤΗΛΕΦΩΝΟ
TELEPHONE KIOSK

ΚΛΕΙΣΤΟ
CLOSED

ΔΕΝ ΥΠΑΡΧΟΥΝ
ΕΛΕΥΘΕΡΑ ΔΩΜΑΤΙΑ
NO VACANCIES

ΦΥΛΑΞΗ ΑΠΟΣΚΕΥΩΝ
LEFT LUGGAGE

ΩΘΗΣΑΤΕ
PUSH

ΕΙΣΟΔΟΣ
ENTRANCE

ΜΟΥΣΕΙΟ
MUSEUM

ΗΜΕΡΟΜΗΝΙΑ
DATE

ΜΕ ΤΗΛΕΚΑΡΤΕΣ
CARD TELEPHONE

ΚΑΠΝΙΖΟΝΤΕΣ
SMOKING

ΕΝΟΙΚΙΑΣΕΙΣ
ΑΥΤΟΚΙΝΗΤΩΝ
CAR HIRE

ΠΛΗΡΟΦΟΡΙΕΣ
INFORMATION

ΕΛΕΥΘΕΡΟ, ΚΕΝΟ
FREE, VACANT

ΔΕ ΛΕΙΤΟΥΡΓΕΙ
OUT OF ORDER

ΜΗΝ ΑΓΓΙΖΕΤΕ
DO NOT TOUCH

ΚΑΤΕΙΛΗΜΜΕΝΟ
ENGAGED

ΙΣΟΓΕΙΟ
GROUND FLOOR

ΔΩΜΑΤΙΑ
VACANCIES, ROOMS

ΙΔΙΩΤΙΚΟΣ ΧΩΡΟΣ
PRIVATE

ΑΠΑΓΟΡΕΥΕΤΑΙ Η
ΕΙΣΟΔΟΣ
NO ENTRY

ΑΠΑΓΟΡΕΥΕΤΑΙ ΤΟ
ΜΠΑΝΙΟ
NO BATHING

ΑΠΑΓΟΡΕΥΕΤΑΙ ΤΟ
ΚΑΠΝΙΣΜΑ
NO SMOKING

ΠΕΖΟΔΡΟΜΟΣ
PEDESTRIAN AREA

ΕΚΠΤΩΣΕΙΣ
SALE

ΕΞΟΔΟΣ
EXIT

ΕΝΟΙΚΙΑΖΕΤΑΙ
FOR HIRE, TO RENT

ΓΥΝΑΙΚΩΝ
LADIES

ΤΟΥΑΛΕΤΕΣ
TOILETS

ΠΩΛΕΙΤΑΙ
FOR SALE

ΠΩΛΗΣΕΙΣ
ΕΙΣΙΤΗΡΙΩΝ
TICKET OFFICE

ΣΥΡΑΤΕ / ΣΛΞΑΤΕ
PULL

ΑΠΑΓΟΡΕΥΕΤΑΙ Η
ΣΤΑΘΜΕΥΣΗ
NO PARKING

ΠΡ·ΤΕΣ ΒΟΗΘΕΙΕΣ
CASUALTY DEPT.

ΤΟ ΚΟΛΥΜΠΙ ΕΙΝΑΙ
ΕΠΙΚΙΝΔΥΝΟ
SWIMMING DANGEROUS

Where can I...?
Πού μπορώ να...;
poo boro na...

play tennis
παίξω τένις
pekso tenees

play golf
παίξω γκολφ
pekso golf

go swimming
κολυμπήσω
koleembeeso

go jogging
κάνω τζόκινγκ
kano jogging

go for a walk
κάνω μία βόλτα
kano meea volta

How much is it per hour?
Πόσο κοστίζει την ώρα;
poso kosteezee teen ora

Do you have to be a member?
Πρέπει να είναι κανείς μέλος;
prepee na eene kanees melos

Can I hire...?
Μπορώ να νοικιάσω...;
boro na neekeeaso...

rackets
ρακέτες
raketes

golf clubs
μπαστούνια του γκόλφ
bastooneea too golf

We'd like to go to see (name team) **play**
θα θέλαμε να δούμε ... να παίζει
tha thelame na dhoome ... na pezee

Where can we get tickets?
Πού μπορούμε να βρούμε εισιτήρια;
poo boroome na vroome eeseeteereea

Which is your favourite football team?
Ποια είναι η αγαπημένη σας ομάδα ποδοσφαίρου;
peea eene ee aghapeemenee sas omadha podhosferoo

I like...
Μ' αρέσει
maresee

sailing
η ιστιοπλοΐα
ee eesteeoploeea

surfing
το σέρφινγκ
to surfing

What sports do you play? (informal)
Τι σπορ κάνεις;
tee spor kanees

I do not like sport
Δεν μ' αρέσουν τα σπορ
dhen maresoon ta spor

■ LEISURE/INTERESTS ■ WALKING

These items can be bought at a ΧΑΡΤΟΠΩΛΕΙΟ *(khartopoleeo)*

biro	το στυλό διαρκείας	steelo dheearkeeas
book	το βιβλίο	veevleeo
card *(greetings)*	η κάρτα	karta
cardboard	το χαρτόνι	khartonee
crayons *(wax)*	οι κηρομπογιές	keeroboyes
envelopes	οι φάκελοι	fakelee
exercise book	το βιβλίο ασκήσεων	veevleeo askeeseon
felt-tip pen	ο μαρκαδόρος	markadhoros
folder	το ντοσιέ	dosee-e
glue	η κόλα	kola
ink	το μελάνι	melanee
ink cartridge	η φύσιγγα μελανιού	feeseenga melaneeoo
magazine	το περιοδικό	pereeodheeko
newspaper	η εφημερίδα	efeemereedha
note pad	το σημειωματάριο	seemeeomatareeo
paints	οι μπογιές	boyes
paper	το χαρτί	khartee
paperback *(book)*	το χαρτόδετο (βιβλίο)	khartodheto (veevleeo)
paperclip	ο συνδετήρας	seendheteeras
pen	το στυλό	steelo
pencil	το μολύβι	moleevee
pencil sharpener	η ξύστρα	kseestra
rubber	η γομολάστιχα	ghomolasteekha
ruler	ο χάρακας	kharakas
Sellotape®	το σελοτέιπ	selote-eep
sheet of paper	το φύλο χαρτί	feelo khartee
staples	οι συνδετήρες	seendheteeres
writing paper	το χαρτί	khartee

If you plan to catch a taxi from the airport, check with the information desk how much the fare should cost.

I need a taxi
Χρειάζομαι ταξί
khre*a*zome taks*ee*

Where can I get a taxi?
Πού μπορώ να πάρω ένα ταξί;
poo bor*o* na paro ena taks*ee*

Please order me a taxi
Παρακαλώ καλέστε μου ένα ταξί
parakal*o* kaleste moo ena taks*ee*

immediately
αμέσως
amesos

for *(time)*
για...
ya...

How much is a taxi...?
Πόσο κάνει το ταξί...;
p*o*so kanee to taks*ee*...

to this address
γι' αυτή τη διεύθυνση
yaft*ee* tee dhee-*ef*theensee

to the station
για το σταθμό
ya to stathm*o*

to the airport
για το αεροδρόμιο
ya to aerodhr*o*meeo

to the centre
για το κέντρο
ya to k*e*ntro

Please take me (us) to...
Παρακαλώ πηγαίνετέ με (μας) στο...
parakal*o* peey*e*net*e* me (mas) sto...

How much is it?
Πόσο κάνει;
p*o*so kanee

Why are you charging me so much?
Γιατί με χρεώνετε τόσο πολύ;
yatee me khre*o*nete t*o*so pol*ee*

It's more than on the meter
Είναι περισσότερα από όσα γράφει το ταξίμετρο
*ee*ne pereesotera apo *o*sa ghrafee to taks*ee*metro

Keep the change
Κρατήστε τα ρέστα
krat*ee*ste ta r*e*sta

Sorry, I don't have any change
Συγγνώμη, δεν έχω καθόλου ψιλά
seeghn*o*mee dhen ekho kath*o*loo pseela

I'm in a hurry
Βιάζομαι
vee*a*zome

Is it far?
Είναι μακριά;
*ee*ne makree*a*

I have to catch...
Πρέπει να προλάβω...
pr*e*pee na prol*a*vo...

the ... o'clock flight to...
την πτήση των ... για το...
teen pt*ee*see ton ... ya to...

■ **BUS**

To phone from the UK, the international code is 010, the country code for Greece is 30 followed by the Greek area code, e.g. Athens 1, Thessaloniki 31, and the phone number. For Cyprus, the country code is 357 followed by the Cyprus area code, e.g. Nicosia 2, Limassol 5, and the phone number.

To phone the UK from either Greece or Cyprus, dial 00 44 plus the UK area code less the first 0, e.g. London (0)71 or (0)81.

I want to make a phone call
Θέλω να κάνω ένα τηλεφώνημα
thelo na kano ena teelefoneema

What coins do I need?
Τι νομίσματα χρειάζομαι;
tee nomeesmata khreeazome

Please show me how this phone works
Παρακαλώ μου δείχνετε πώς δουλεύει αυτό το τηλέφωνο
parakalo moo dhekhnete pos dhoolevee afto to teelefono

Where can I buy a phonecard?
Πού μπορώ να αγοράσω μια τηλεκάρτα;
poo boro na aghoraso meea teelekarta

Mr...	**Mrs..., please**	**Extension number**
Τον κύριο...	Την κυρία..., παρακαλώ	εσωτερική γραμμή
ton keereeo...	*teen keereea... parakalo*	*esotereekee ghramee*

Can I speak to...?
Μπορώ να μιλήσω στον...;
boro na meeleeso ston...

I would like to speak to...
Θα ήθελα να μιλήσω στον...
tha eethela na meeleeso ston...

This is Jim Brown
Είμαι ο Jim Brown
eeme o jim brown

I'll call back later / tomorrow
Θα ξαναπάρω αργότερα / αύριο
tha ksanaparo arghotera / avreeo

Can I have an outside line?
Μπορώ να έχω μία εξωτερική γραμμή;
boro na ekho meea eksotereekee ghramee

We were cut off
Μας κόψανε
mas kopsane

There is no reply
Δεν απαντά
dhen apanta

■ **YOU MAY HEAR**

Παρακαλώ / Ναι
parakalo / Ne
Hello

Ποιος είναι;
peeos eene
Who is this?

Με ποιον θέλετε να μιλήσετε;
me peeon thelete na meeleesete
Whom do you wish to talk to?

Ένα λεπτό
ena lepto
Just a moment

Περιμένετε, παρακαλώ
pereemenete, parakalo
Hold on, please

Έρχεται
erkhete
He/She is coming

Μιλάει
meelaee
It's engaged

Μπορείτε να ξαναπάρετε αργότερα;
boreete na ksanaparete arghotera
Can you try again later?

Θέλετε να αφήσετε μήνυμα;
thelete na afeesete meeneema
Do you want to leave a message?

Πήρατε λάθος αριθμό
peerate lathos areethmo
You've got a wrong number

Σας ομιλεί ο αυτόματος τηλεφωνητής του...
sas omeelee o aftomatos teelefoneetees too...
This is the answering machine of...

Αφήστε το μήνυμά σας μετά από το χαρακτηριστικό ήχο
afeeste to meeneema sas meta apo to kharakteereesteeko eekho
Leave a message after the tone

■ **BUSINESS** ■ **FAX** ■ **OFFICE**

Where is the television / the video?
Πού είναι η τηλεόραση / το βίντεο;
poo eene ee teeleorasee / to veedeo

How do you switch it on?
Από πού ανάβει;
apo poo anavee

Which button do I press?
Ποιο κουμπί πρέπει να πατήσω;
peeo koumpee prepee na pateeso

Please lower the volume
Χαμηλώνετε παρακαλώ τη φωνή
khameelonete parakalo tee fonee

May I turn the volume up?
Μπορώ να δυναμώσω τη φωνή;
boro na dheenamoso tee fonee

What's on television?
Τι έχει η τηλεόραση;
tee ekhee ee teeleorasee

When is the news?
Πότε έχει ειδήσεις;
pote ekhee eedheesees

Do you have any English-speaking channels?
Έχετε αγγλόφωνα κανάλια;
ekhete anglofona kanaleea

When are the children's programmes?
Πότε είναι τα παιδικά προγράμματα;
pote eene ta pedheeka proghramata

Do you have any English videos?
Έχετε καμία αγγλική βιντεοκασέτα;
ekhete kameea angleekee veedeokaseta

Classical Greek plays are performed at the Theatre of Herod Atticus at the foot of the Acropolis in Athens and at the theatre at Epidavros in the Peleponnese and elsewhere. Often a Modern Greek translation is used but even if the original text is used the pronunciation will be Modern Greek. Hint: if you are planning to spend several hours sitting on a stone seat take a cushion or even a newspaper!

What's on at the theatre?
Τι παίζει το θέατρο;
tee pezee to theatro

How do we get to the theatre?
Πώς θα πάμε στο θέατρο;
pos tha pame sto theatro

What prices are the tickets?
Τι τιμές έχουν τα εισιτήρια;
tee teemes ekhoon ta eeseeteereea

Two tickets...
Δύο εισιτήρια...
dheeo eeseeteereea...

for tonight
για απόψε
ya apopse

for tomorrow night
για αύριο βράδυ
ya avreeo vradhee

for 5th August
για τις 5 Αυγούστου
ya tees 5 avghoostoo

How long is the interval?
Πόση ώρα κρατάει το διάλειμμα;
posee ora krataee to dheealeema

When does the performance begin?
Πότε αρχίζει η παράσταση;
pote arkheezee ee parastasee

When does the performance end?
Πότε τελειώνει η παράσταση;
pote teleeonee ee parastasee

I enjoyed the play
Μου άρεσε το έργο
moo arese to ergho

It was very good
Ήταν πολύ καλό
eetan polee kalo

■ ENTERTAINMENT ■ LEISURE/INTERESTS

> When telling the time in Greek, remember that the hour comes
> first, then _past_ και (ke) or _to_ παρά (para) and finally the minutes,
> e.g. 8.10 οκτώ και δέκα (ok**to** ke _dh**e**ka_) – ten past eight
> 11. 40 δώδεκα παρά είκοσι (dh**o**dheka para **ee**kosee) – twenty
> to twelve.

What time is it, please?
Τι ώρα είναι, παρακαλώ;
tee **o**ra **ee**ne parakal**o**

am	**pm**
πμ	μμ
preen to meseem**e**ree	_meta to meseem**e**ree_

It's...	**2 o'clock**	**3 o'clock**	**6 o'clock** (etc.)
Είναι...	δύο η ώρα	τρεις η ώρα	έξι η ώρα
_**ee**ne..._	_dh**ee**o ee **o**ra_	_trees ee **o**ra_	_**e**ksee ee **o**ra_

It's 1 o'clock	**It's 1200**	**midday**	**midnight**
Είναι μία η ώρα	Είναι δώδεκα	το μεσημέρι	τα μεσάνυχτα
_**ee**ne m**ee**a ee **o**ra_	_**ee**ne dh**o**dheka_	_to meseem**e**ree_	_ta mes**a**neekhta_

9	εννέα
	_en**e**a_
9.10	εννέα και δέκα
	_en**e**a ke dh**e**ka_
quarter past 9	εννέα και τέταρτο
	en**e**a ke t**e**tarto
9.20	εννέα και είκοσι
	en**e**a ke **ee**kosee
9.30	εννέα και μισή
	en**e**a ke mees**ee**
9.35	εννέα και τριάντα πέντε
	en**e**a ke tre**a**nta p**e**nte
quarter to 10	δέκα παρά τέταρτο
	dh**e**ka par**a** t**e**tarto
10 to 10	δέκα παρά δέκα
	dh**e**ka par**a** dh**e**ka

■ **NUMBERS**

When does it open / close?
Πότε ανοίγει / κλείνει;
*pote an**ee**yee / kl**ee**nee*

When does it begin / finish?
Πότε αρχίζει / τελειώνει;
*pote arkh**ee**zee / tel**ee**onee*

at 3 o'clock
στις τρεις η ώρα
*stees trees ee **o**ra*

before 3 o'clock
πριν από τις τρεις
*preen ap**o** tees trees*

after 3 o'clock
μετά τις τρεις
*met**a** tees trees*

today
σήμερα
*s**ee**mera*

tonight
απόψε
*ap**o**pse*

tomorrow
αύριο
*a**v**reeo*

yesterday
χθες
khthes

the day before yesterday
προχθές
*prokhth**es***

the day after tomorrow
μεθαύριο
*meth**a**vreeo*

in the morning
το πρωί
*to pro**ee***

this morning
σήμερα το πρωί
*s**ee**mera to pro**ee***

this afternoon
σήμερα το απόγευμα
*s**ee**mera to ap**o**yevma*

in the evening
το βράδυ
*to vr**a**dhee*

this evening
απόψε
*ap**o**pse*

in the night
τη νύχτα
*tee n**ee**khta*

tonight
απόψε
*ap**o**pse*

at half past 7
στις εφτάμισι
*stees eft**a**meesee*

at about 10 o'clock
στις δέκα η ώρα περίπου
*stees dh**e**ka ee **o**ra per**ee**poo*

in an hour's time
σε μία ώρα
*se m**ee**a **o**ra*

in a while
σε λίγο
*se l**ee**gho*

two hours ago
πριν από δύο ώρες
*preen ap**o** dh**ee**o **o**res*

soon
σύντομα
*s**ee**ntoma*

early
νωρίς
*nor**ee**s*

late
αργά
*argh**a***

later
αργότερα
*argh**o**tera*

I'll do it...
Θα το κάνω...
*tha to k**a**no...*

as soon as possible
όσο το δυνατό νωρίτερα
*oso to dheenat**o** nor**ee**tera*

...at the latest
...το αργότερο
*...to argh**o**tero*

85

Train services in Greece are restricted and slow by comparison with other western European railways. There is only one main line operated by Greek Railways ΟΣΕ running from Athens north to Thessaloniki and onwards to Bulgaria, Turkey and former Yugoslavia. The Peloponnese is served by a narrow gauge line from Athens. There are no trains on Cyprus.

ΟΣΕ (Οργανισμός Σιδηροδρόμων Ελλάδος)	**OSE** *(Greek Organization)* *Railways*
ΣΙΔΗΡΟΔΡΟΜΙΚΟΣ ΣΤΑΘΜΟΣ	**RAILWAY STATION**
ΕΚΔΟΤΗΡΙΟ ΕΙΣΙΤΗΡΙΩΝ	**TICKET DISPENSING MACHINE**
ΕΙΣΙΤΗΡΙΑ	**TICKETS**

When is the train to....?
Πότε είναι το τρένο για...;
*pote **ee**ne to treno ya...*

A single to...
Ένα απλό εισιτήριο για...
*ena apl**o** eeseet**ee**reeo ya...*

Two return tickets to...
Δύο εισιτήρια μετ' επιστροφής για...
*dh**ee**o eeseet**ee**reea metepeestrof**ee**s ya...*

Tourist class
Τουριστική θέση
*tooreesteek**ee** thesee*

Smoking
Καπνίζοντες
*kapn**ee**zontes*

Non smoking
Μη καπνίζοντες
*mee kapn**ee**zontes*

Is there a supplement to pay?
Υπάρχει επιπλέον επιβάρυνση;
*eep**ar**khee epeepl**e**on epeev**a**reensee*

I want to book a seat to Thessaloniki
Θέλω να κλείσω ένα εισιτήριο για τη Θεσσαλονίκη
*th**e**lo na kl**ee**so ena eeseet**ee**reeo ya tee thesalon**ee**kee*

When is the first train to...?
Πότε είναι το πρώτο τρένο για...;
*pote **ee**ne to proto treno ya...*

When is the last train to...?
Πότε είναι το τελευταίο τρένο για...;
*pote **ee**ne to telefteo treno ya...*

When does it arrive in...?
Πότε φτάνει στο...;
pote ftanee sto...

Do I have to change?
Πρέπει να αλλάξω;
prepee na alakso

Where?
Πού;
poo

How long is there to get the connection?
Πόση ώρα χρειάζεται για να πάρω την ανταπόκριση;
posee ora khreeazete ya na paro teen antapokreesee

Which platform does it leave from?
Από ποια πλατφόρμα φεύγει;
apo peea platforma fevyee

Is this the right platform for the train to...?
Αυτή είναι η σωστή πλατφόρμα για το τρένο που πάει στο...;
aftee eenee ee sostee platforma ya to treno poo paee sto...

Is this the train for...?
Αυτό είναι το τρένο για...;
afto eene to treno ya...

When will it leave?
Πότε θα φύγει;
pote tha feeyee

Why is the train delayed?
Γιατί έχει καθυστέρηση το τρένο;
yatee ekhee katheestereese to treno

Does the train stop at...?
Σταματάει το τρένο στο...;
stamatee to treno sto...

Please let me know when we get to...
Μου λέτε, σας παρακαλώ, πότε φτάνουμε στο...
moo lete sas parakalo pote ftanoome sto...

Is there a buffet on the train?
Υπάρχει μπουφές στο τρένο;
eeparkhee boofes sto treno

Is this free? *(seat)*
Είναι ελεύθερη;
eene eleftheree

Excuse me
Με συγχωρείτε
me seeghkhoreete

■ **LUGGAGE**

87

Don't expect great things! Although the Greeks eat a large number of vegetarian dishes in their own homes, they usually expect meat or fish when they go out to eat. There are some specialist vegetarian restaurants mainly catering for tourists.

Are there any vegetarian restaurants here?

Υπάρχουν καθόλου εστιατόρια για χορτοφάγους εδώ;

eeparkhoon katholoo esteeatoreea ya khortofaghoos edho

Do you have any vegetarian dishes?

Έχετε καθόλου φαγητά για χορτοφάγους;

ekhete katholoo fayeeta ya khortofaghoos

Which dishes have no meat / fish?

Ποια φαγητά δεν έχουν κρέας / ψάρι;

peea fayeeta dhen ekhoon kreas / psaree

What fish dishes do you have?

Τι φαγητά με ψάρια έχετε;

tee fayeeta me psareea ekhete

I don't like meat

Δεν μου αρέσει το κρέας

dhen moo aresee to kreas

What do you recommend?

Τι προτείνετε;

tee proteenete

■ POSSIBLE DISHES

μπάμιες *(bamee-es)* okra, usually cooked in a tomato sauce

γίγαντες *(gheegantes)* large haricot beans, usually boiled or in tomato sauce

μελιτζάνες *(melitzanes)* aubergines, usually cooked in a tomato sauce

χωριάτικη σαλάτα *(khoreeateekee salata)* village salad, usually contains tomatoes, cucumber, cabbage or lettuce, olives, feta cheese and a dressing of olive oil and lemon or vinegar

φασολάκια *(fasolakeea)* French beans

κουκιά *(kookeea)* broad beans

ομελέτα σκέτη *(omeleta sketee)* plain omelette

ομελέτα τυρί *(omeleta teeree)* cheese omelette

■ EATING OUT

Are there any guided walks?
Γίνονται καθόλου οργανωμένοι περίπατοι;
yeenonte katholoo orghanomenee pereepatee

Are there any special walking routes?
Υπάρχουν κάποιες ειδικές διαδρομές περιπάτου;
eeparkhoon kapee-es eedheekes dheeadhromes pereepatoo

Do you have details?
Έχετε λεπτομέρειες;
ekhete leptomeree-es

Do you have a guide to local walks?
Έχετε έναν οδηγό για τοπικούς περιπάτους;
ekhete enan odheegho ya topeekoos pereepatoos

How many kilometres is the walk?
Πόσα χιλιόμετρα είναι ο περίπατος;
posa kheeleeometra eene o pereepatos

How long will it take?
Πόση ώρα θα κρατήσει;
posee ora tha krateesee

Is it very steep?
Είναι πολύ ανηφορικός;
eene polee aneeforeekos

We'd like to go climbing
Θα θέλαμε να κάνουμε ορειβασία
tha thelame na kanoome oreevaseea

Do we need walking boots?
Χρειαζόμαστε μπότες πεζοπορίας;
khreeazomaste botes pezoporeeas

Should we take...?
Πρέπει να πάρουμε...;
prepee na paroome...

water	food
νερό	φαγητό
nero	*fayeeto*

waterproofs
αδιάβροχα
adheeavrokha

a compass
πυξίδα
peekseedha

What time does it get dark?
Τι ώρα νυχτώνει;
tee ora neekhtonee

■ MAPS, GUIDES... ■ SIGHTSEEING & TOURIST OFFICE

It's sunny
Είναι ηλιόλουστος
eene eeleeoloostos

It's very hot
Κάνει πολλή ζέστη
kanee polee zestee

It's windy
Έχει αέρα
ekhee aera

What a lovely day!
Τι υπέροχη μέρα!
tee eeperokhee mera

What awful weather!
Τι φοβερός καιρός!
tee foveros keros

What will the weather be like tomorrow?
Τι καιρό θα κάνει αύριο;
tee kero tha kanee avreeo

Do you think it's going to rain?
Νομίζετε ότι θα βρέξει;
nomeezete otee tha vreksee

Do I need an umbrella?
Χρειάζομαι ομπρέλα;
khreeazome ombrela

When will it stop raining?
Πότε θα σταματήσει η βροχή;
pote tha stamateesee ee vrokhee

It's very hot
Κάνει πολλή ζέστη
kanee polee zestee

Do you think there will be a storm?
Νομίζετε ότι θα κάνει καταιγίδα;
nomeezete otee tha kanee kateyeedha

Do you think it will rain?
Νομίζετε ότι θα βρέξει;
nomeezete otee tha vreksee

What is the temperature?
Τι θερμοκρασία έχει;
tee thermokraseea ekhee

■ **MAKING FRIENDS**

The wine list, please

Τον κατάλογο των κρασιών, παρακαλώ
ton katalogho ton kraseeon parakalo

Can you recommend a good wine?

Μπορείτε να μας προτείνεται ένα καλό κρασί;
boreete na mas proteenete ena kalo krasee

A bottle...	A carafe...	of wine *(house)*
Ένα μπουκάλι...	Μία καράφα...	κρασί
ena bookalee...	*meea karafa...*	*krasee*

of red wine	of white wine	of rosé wine
κόκκινο κρασί	λευκό κρασί	κρασί ροζέ
kokeeno krasee	*lefko krasee*	*krasee roze*

of dry wine	of sweet wine	of a local wine
ξηρό κρασί	γλυκό κρασί	τοπικό κρασί
kseero krasee	*ghleeko krasee*	*topeeko krasee*

■ **WINES**

Απελία *(apeleea)* dry white wine

Αφροδίτη *(afrodheetee)* a medium white wine from Cyprus

Δεμέστικα *(dhemesteeka)* a dry wine, white or red

Καστέλλι Μίνος *(kastelee meenos)* a medium dry red wine from Cyprus

Κιτρό *(keetro)* a slightly sour white wine from Naxos

Κοκκινέλι *(kokeenelee)* a sweet red wine

Μαλβοίσια *(malveeseea)* a red wine from Sparta

Μάντικο *(manteeko)* a dry red wine from Crete

Μαντηρίας *(manteereeas)* a medium dry white wine

Μαυροδάφνη *(mavrodhafnee)* a sweet red dessert wine

Μόντε Χρήστος *(monte khreestos)* a sweet red wine from Cyprus

Μοσχάτο *(moskhato)* a dark red dessert wine with a muscatel flavour

Μυρτίλος *(meerteelos)* a dry white wine from Euboea

CONT.

Παλλήνη *(paleenee) a white wine from Attica*

Οθέλλος *(othelos) a medium-sweet red wine from Cyprus*

Ροδάμπελη *(rodhabelee) a dry white wine*

■ SPIRITS

κονιάκ *(konyak) brandy, ranked by a loosely applied star system, the more stars the stronger the brandy*

ούζο *(ouzo) an aniseed flavoured colourless drink, drunk as a long drink. When water is added it turns white*

ρακή *(rakee) a clear strong spirit*

■ OTHER DRINKS TO TRY

ρετσίνα *(retsina) a resinated white wine which can accompany a meal but can equally well be enjoyed on its own especially if well chilled or with soda*

κουμανταρία *(koomantareea) a very sweet dessert wine from Cyprus*

Filfar *an orange flavoured liqueur from Cyprus*

■ DRINKING ■ EATING OUT

What work do you do?
Τι δουλειά κάνετε;
tee dhooleea kanete

Do you enjoy it?
Σας αρέσει;
sas aresee

I'm...	**a doctor**	**a teacher**	**a secretary**
Είμαι...	γιατρός	δάσκαλος(-α)	γραμματέας
eeme...	*yatros*	*dhaskal-os(-a)*	*ghramateas*

I work in...	**a shop**	**a factory**	**a bank**
Εργάζομαι σε...	κατάστημα	εργοστάσιο	τράπεζα
erghazome se...	*katasteema*	*erghostaseeo*	*trapeza*

I work from home
Εργάζομαι από το σπίτι
erghazome apo to speetee

I'm self-employed
Είμαι ελεύθερος(-η) επαγγελματίας
eeme elefther-os(-ee) epangelmateeas

I have been unemployed for...
Ήμουνα άνεργος(-η) για...
eemoona anerghos(-ee) ya...

...months
...μήνες
...meenes

It's very difficult to get a job
Είναι πολύ δύσκολο να βρει κανείς δουλειά
eene polee dheeskolo na vree kanees dhooleea

What are your hours?
Τι ωράριο δουλεύεις;
tee orareeo dhoolevees

I work from 9 to 5
Εργάζομαι από τις εννιά μέχρι τις πέντε
erghazome apo tees eneea mekhree tees pente

How much holiday do you get?
Πόση άδεια παίρνεις;
posee adheea pernees

What do you want to be when you grow up?
Τι θέλεις να γίνεις όταν μεγαλώσεις;
tee thelees na yeenees otan meghalosees

■ **MAKING FRIENDS**

The following basic rules of Greek grammar will help you make full use of the information in this book.

NOUNS

Greek nouns can be *masculine*, *feminine* or *neuter* and the words for **the** and **a** (the articles) change according to the gender of the noun.

ένας *(enas)*	= **a** with *masculine* nouns
μία *(meea)*	= **a** with *feminine* nouns
ένα *(ena)*	= **a** with *neuter* nouns
ο *(o)*	= **the** with *masculine* nouns
η *(ee)*	= **the** with *feminine* nouns
το *(to)*	= **the** with *neuter* nouns

The article is the most reliable indication of the gender of a noun, i.e. whether it is *masculine*, *feminine* or *neuter*.

In the dictionary sections you will come across examples like this: **ο / η γιατρός** *(yatros)* **doctor**. This means that the same ending is used for men as well as women doctors i.e. **ο γιατρός** is a male doctor, **η γιατρός** is a female doctor.

You will also encounter entries like **ο Άγγλος / η Αγγλίδα** indicating that an **Englishman** is referred to as **ο Άγγλος** *(anglos)* while an **Englishwoman** is **η Αγγλίδα** *(angleedha)*.

The most common endings of *masculine* nouns are -ος *(os)*, -ας *(as)*, -ης *(ees)*, e.g.

ο καιρός *(keros)*	**weather**
ο πατέρας *(pateras)*	**father**
ο κυβερνήτης *(keeverneetees)*	**captain** *(of aeroplane)*

The most common endings of *feminine* nouns are -α *(a)*, -η *(ee)*, e.g.

η μητέρα *(meetera)*	**mother**
η Κρήτη *(kreetee)*	**Crete**

The most common *neuter* endings are: -ο *(o)*, -ι *(ee)*, e.g.

το κτίριο *(kteereeo)*	**building**
το πορτοκάλι *(portokalee)*	**orange** *(fruit)*

PLURALS

The article **the** changes in the plural. For *masculine* (ο) and *feminine* (η) nouns it becomes οι (ee). For *neuter* nouns (το) it becomes τα (ta).

Nouns have different endings in the plural. *Masculine* nouns change their endings to -οι (ee) *feminine* nouns change their endings to -ες (es).

ο βράχος (vrakhos)	οι βράχοι (vrakhee)
η κυρία (kereea)	οι κυρίες (keree-es)

Neuter nouns change their endings to -α (a)

το κτίριο (kteereeo)	τα κτίρια (kteereea)

There are many exceptions to the above rules such as:

ο άντρας (andhras)	οι άντρες (andhres)

ADJECTIVES

Adjective endings must agree with the gender and number of the noun they describe, e.g.

ο καλός πατέρας (kalos pateras)	**the good father**
η καλή κυρία (kalee kereea)	**the good lady**
οι καλοί πατέρες (kalee pateres)	**the good fathers**
οι καλές κυρίες (kales kereees)	**the good ladies**

You will see that in the Greek-English dictionary section of this book, all adjectives are given with their endings clearly marked e.g. κρύος/α/ο (kree-os/a/o) **cold**

By far the most common adjectival ending are -ος (os) for *masculine*, -α (a) for *feminine* and -ο (o) for *neuter* nouns.

In Greek, adjectives *precede* the noun they describe.

POSSESSIVE ADJECTIVES

In Greek the possessive adjective: my, your, his, etc. follow the noun. And they don't change even if the noun is *masculine, feminine, singular* or *plural*. The article will still go infront of the noun.

my	μου	*moo*	**our**	μας	*mas*
your	σου	*soo*	**your**	σας	*sas**

his	του	*too*	**their**	τους	*toos*	
her	της	*tees*				
its	του	*too*				

*This is also the polite form

my key	το κλειδί μου	*to kleethee moo*
your room	το δωμάτιο σας	*to dhomateeo sas*

VERBS

The most essential verbs in Greek are the verbs **είμαι I am** and **έχω I have**. Unlike verbs in English, Greek verbs have a different ending for each person and number.

I am

είμαι	**I am**	*eeme*
είσαι	**you are**	*eese*
είναι	**he/she/it is**	*eene*
είμαστε	**we are**	*eemaste*
είστε	**you are**	*eeste**
είστε	**they are**	*eene*

* This form is also used when addressing people we do not know very well; it is generally referred to as the polite plural (like the French 'vous').

NOTE: While in English it is necessary to use the personal pronoun i.e. **we**, **you** etc, in order to distinguish between **we are**, **you are** etc, in Greek this function is carried out by the different endings of the verb itself. This way in Greek, **we are** and **they are** can be simply είμαστε (*eemaste*), είναι (*eene*).

I have

έχω	**I have**	*ekho*
έχεις	**you have**	*ekhees*
έχει	**he/she/it has**	*ekhee*
έχουμε	**we have**	*ekhoome*
έχετε	**you have**	*ekhete*
έχουν	**they have**	*ekhoon*

NOTE: As above, **I have** can be expressed in Greek with simply the verb έχω ; each ending is particular to a specific person. Verbs in Greek in the active voice, end in -ω *(o)* or -ώ *(o)*. This is the ending with which they generally appear in dictionaries. If a verb does not have an active voice form, in a dictionary it will appear with the ending -μαι *(-me)*, e.g. λυπάμαι *(leepame)* **to be sad** or **sorry**, θυμάμαι *(theemame)* **to remember**.

The verb αγαπώ *aghapo* **to love** has typical endings for verbs ending in -ώ *(-o)* while those ending in -ω *(-o)* follow the pattern of έχω *(ekho)* above.

αγαπώ *(aghapo)*	**I love**
αγαπάς *(aghapas)*	**you love**
αγαπά *(aghapa)*	**he/she/it loves**
αγαπούμε *(aghapoome)*	**we love**
αγαπάτε *(aghapate)*	**you love**
αγαπούν *(aghapoon)*	**they love**

In Greek, there are two ways of addressing people, depending on their age, social or professional position, and how formal or informal the relationship is between two people. e.g. an older person will probably speak to a much younger one using the singular (informal way) but the younger person will use the plural (formal) unless well acquainted. Similarly two friends will speak to each other using the informal singular:

Τι κάνεις; *(tee kanees)*	**How are you?**
Καλά, εσύ; *(kala esee)*	**Fine, and you?**

While two acquaintances will address each other in a more formal way using the second person plural, like this:

Τι κάνετε; *(tee kanete)*	**How are you?**
Καλά, εσείς; *(kala esees)*	**Fine, and you?**

PERSONAL PRONOUNS

There are times when the pronoun needs to be used as e.g. in conjunction with the verb in order to establish the sex of the person involved, i.e. **he** or **she**, or indeed **it**.

εγώ	I	egh**o**
εσύ	you	es**ee**
αυτός	he	aft**os**
αυτή	she	aft**ee**
αυτό	it	aft**o**
εμείς	we	em**ee**s
εσείς	you	es**ee**s
αυτοί	they (masc.)	aft**ee**
αυτές	they (fem.)	aft**es**
αυτά	they (neut.)	aft**a**

Thus: αυτός έχει (aft**os** e**khee**)   **he has**
          αυτή έχει (aft**ee** e**khee**)   **she has**

DICTIONARY
ENGLISH-GREEK
GREEK-ENGLISH

a ένας / μία / ένα *enas (masc.) / meea (fem.) / ena (neuter)*

abbey το μοναστήρι *to monasteeree*

about: *a book about Athens* ένα βιβλίο για την Αθήνα *ena veevleeo ya teen Atheena*
at about ten o'clock περίπου στις δέκα *pereepoo stees dheka*

above πάνω *pano*

accident το ατύχημα *to ateekheema*

accommodation η στέγη *ee steyee*

ache *n* ο πόνος *o ponos*

Acropolis η Ακρόπολη *ee Akropolee*

activities οι δραστηριότητες *ee dhrasteereeoteetes*

adaptor ο προσαρμογέας *o prosarmoyeas*

adder η οχιά *ee okheea*

address η διεύθυνσή *ee dhee-eftheensee*
what is your address? ποια είναι η διεύθυνσή σας; *peea eene ee dhee-eftheensee sas*

address book το βιβλιαράκι διευθύνσεων *to veevleearakee dhee-eftheenseon*

adhesive tape η συγκολλητική ταινία *ee seengoleeteekee teneea*

admission charge η είσοδος *ee eesodhos*

adult ο ενήλικος *o eneeleekos*

advance: *in advance* προκαταβολικώς *prokatavoleekos*

advertisement η διαφήμιση *ee dheeafeemeesee*

after(wards) αργότερα *arghotera*

afternoon το απόγευμα *to apoyevma*

aftershave το αφτερσέιβ *to aftershave*

again πάλι *palee*

ago: *a week ago* πριν μια βδομάδα *preen meea vdhomadha*

AIDS ΕΙΤΖ *e-eetz*

air conditioning ο κλιματισμός *o kleemateesmos*

airline η αεροπορική εταιρία *aeroporeekee etereea*

air mail αεροπορικώς *aeroporeekos*

air mattress το στρώμα για τη θάλασσα *to stroma ya tee thalasa*

airplane το αεροπλάνο *to aeroplano*

airport το αεροδρόμιο *to aerodhromeeo*

aisle (in aircraft) ο διάδρομος *o dhee-adhromos*

alarm (emergency) ο συναγερμός *o seenaghermos*

alarm clock το ξυπνητήρι *to kseepneeteeree*

alcohol το οινόπνευμα *to eenopnevma*

alcoholic οινοπνευματώδης *eenopnevmatodhees*

all όλος *olos*
  all the milk όλο το γάλα *olo to ghala*
  all (the) boys όλα τα αγόρια *ola ta aghoreea*
  all (the) girls όλα τα κορίτσια *ola ta koreetseea*

allergic to αλλεργικός σε *aleryekos se*

alley το δρομάκι *to dhromakee*

allowance: duty-free allowance η επιτρεπόμενη ποσότητα *ee epeetrepomenee posoteeta*

all right (agreed) εντάξει *entaksee*

almond το αμύγδαλο *to ameeghdhalo*

almost σχεδόν *skhedhon*

also επίσης *epeesees*

always πάντα *panda*

am see (**to be**) GRAMMAR

ambulance το ασθενοφόρο *to asthenoforo*

America η Αμερική *ee amereekee*

American ο Αμερικανός / η Αμερικανίδα *o amereekanos / ee amereekaneedha*

amphitheatre το αμφιθέατρο *to amfeetheatro*

anaesthetic το αναισθητικό *to anestheeteeko*

anchor η άγκυρα *ee angeera*

and και *ke*

angry θυμωμένος *theemom*enos
another άλλος *alos*
  another glass of beer ακόμα ένα ποτήρι μπίρα *akoma ena poteeree beera*
answer n η απάντηση *ee apandeesee*
answer vb απαντώ *apando*
answering machine ο αυτόματος τηλεφωνητής *o aftomatos teelefoneetees*
antibiotics τα αντιβιοτικά *ta andeeveeoteeka*
antifreeze το αντιπηκτικό *to andeepeekteeko*
antiques οι αντίκες *ee anteekes*
antiseptic το αντισηπτικό *to andeeseepteeko*
anyway οπωσδήποτε *oposdheepote*
anywhere οπουδήποτε *opoodheepote*
apartment το διαμέρισμα *to dheeamereesma*
aperitif το απεριτίφ *to aperitif*
apple το μήλο *to meelo*
appendicitis η σκωληκοειδίτιδα *ee skoleekoeedheeteedha*
appointment το ραντεβού *to randevoo*
apricot το βερίκοκο *to vereekoko*
archaeology η αρχαιολογία *ee arkheoloyee-a*
architecture η αρχιτεκτονική *ee arkheetektoneekee*
are see (to be) GRAMMAR
arm το μπράτσο *to bratso*
armbands (for swimming) τα σωσίβια χεριών *ta soseeveea kheree-on*
around γύρω *yeero*
arrest vb συλλαμβάνω *seellamvano*
arrivals οι αφίξεις *ee afeeksees*
arrive φτάνω *ftano*
art gallery η πινακοθήκη *ee peenakotheekee*
arthritis η αρθρίτιδα *ee arthreeteedha*

artichoke η αγκινάρα *ee angeenara*
ashtray το τασάκι *to tasakee*
asparagus το σπαράγγι *to sparangee*
aspirin η ασπιρίνη *ee aspeereenee*
asthma το άσθμα *to asthma*
at σε (στο / στη / στο) *se (sto / stee / sto)*
atlas ο άτλαντας *o atlantas*
attractive (person) ελκυστικός *elkeesteekos*
aubergine η μελιτζάνα *ee meleetzana*
aunt η θεία *ee theea*
Australia η Αυστραλία *ee afstralee-a*
Australian ο Αυστραλός / η Αυστραλίδα *o afstralos / ee afstraleedha*
automatic αυτόματος *aftomatos*
autumn το φθινόπωρο *to ftheenoporo*
avalanche η χιονοστιβάδα *ee kheeonosteevadha*
avocado το αβοκάντο *to avokanto*
awful τρομερός *tromeros*

baby το μωρό *to moro*
baby food οι βρεφικές τροφές *ee vrefeekes trofes*
baby-sitter η μπεϊμπισίτερ *ee baby sitter*
back (of a person) η πλάτη *ee platee*
backpack το σακκίδιο *to sakheedheeo*
bacon το μπέικον *to bacon*
bad (of food) χαλασμένος *khalasmenos*
(of weather) κακός *kakos*
bag (small) η τσάντα *ee tsanda*
(suitcase) η βαλίτσα *ee valeetsa*
baggage οι αποσκευές *ee aposkeves*

baggage reclaim η αναζήτηση αποσκευών *ee anazeeteesee aposkevon*

bait *(for fishing)* το δόλωμα *to dholoma*

baker's ο φούρνος *o foornos*

balcony το μπαλκόνι *to balkonee*

bald *(person, tyre)* φαλακρός *falakros*

ball η μπάλα *ee bala*

banana η μπανάνα *ee banana*

band *(musical)* η ορχήστρα *ee orkheestra*

bandage ο επίδεσμος *o epeedhesmos*

bank η τράπεζα *ee trapeza*

bar το μπαρ *to bar*

barber ο κουρέας *o kooreas*

barcode ο γραμμικός κώδικας *o ghrammeekos kodheekas*

basket το καλάθι *to kalathee*

basketwork η καλαθοπλεκτική *ee kalathoplekteekee*

bath *(tub)* το μπάνιο *to baneeo*
  to take a bath κάνω μπάνιο *kano baneeo*

bathing cap ο σκούφος του μπάνιου *o skoofos too baneeoo*

bathroom το μπάνιο *to baneeo*

battery η μπαταρία *ee batareea*

be *see* **(to be)** GRAMMAR

beach η πλαζ *ee plaz* // η παραλία *ee paraleea*

bean *(haricot)* το φασόλι *to fasolee*
  (broad) το κουκί *to kookee*
  (green) το φασολάκι *to fasolakee*

beautiful όμορφος *omorfos*

bed το κρεββάτι *to krevatee*

bedding τα κλινοσκεπάσματα *ta kleenoskepasmata*

bedroom η κρεββατοκάμαρα *ee krevatokamara*

beef το βοδινό *to vodheeno* // το μοσχάρι *to moskharee*

beer η μπίρα *ee beera*

beetroot το παντζάρι *to pandzaree*

before *(time)* πριν *preen*
  (place) μπροστά *brosta*

begin αρχίζω *arkheezo*

behind πίσω *peeso*

believe πιστεύω *peestevo*

bell *(electric)* το κουδούνι *to koodhoonee*

below κάτω από *kato apo*

belt η ζώνη *ee zonee*

beside δίπλα *dheepla*

best ο καλύτερος *o kaleeteros*

better (than) καλύτερος (από) *kaleeteros (apo)*

between μεταξύ *metaksee*

bicycle το ποδήλατο *to podheelato*

big μεγάλος *meghalos*

bigger μεγαλύτερος *meghaleeteros*

bikini το μπικίνι *to bikini*

bill ο λογαριασμός *o loghareeasmos*

bin ο κάλαθος των αχρήστων *o kalathos ton akhreeston*

binoculars τα κιάλια *ta keealeea*

bird το πουλί *to poolee*

birthday τα γενέθλια *ta yenethleea*
  happy birthday! χρόνια πολλά *chroneea pola*

birthday card η κάρτα γενεθλίων *ee karta yenethlee-on*

biscuit το μπισκότο *to beeskoto*

bit: a bit (of) λίγο *leegho*

bite *n (insect)* το κέντρισμα *to kentreesma*

bitten: I have been bitten με δάγκωσε *me dhangose*

bitter πικρός *peekros*

black μαύρος *mavros*

blackcurrant το μαύρο φραγκοστάφυλο *to mavro frangostafeelo*

blanket η κουβέρτα *ee kooverta*

bleach το λευκαντικό *to lefkandeeko*

blocked (pipe) βουλωμένος *voolomenos*
(nose) κλειστή *kleestee*

blood group η ομάδα αίματος *ee omadha ematos*

blouse η μπλούζα *ee blooza*

blow-dry στέγνωμα *steghnoma*

blue γαλάζιος *ghalazeeos*

boarding card το δελτίο επιβιβάσεως *to dhelteeo
epeeveevaseos*

boarding house η πανσιόν *ee panseeon*

boat (small) η βάρκα *ee varka*
(ship) το πλοίο *to pleeo*

boat trip η βαρκάδα *ee varkadha*

bone το κόκκαλο *to kokalo*

book n το βιβλίο *to veevleeo*

book vb (room, tickets) κλείνω *kleeno*

booking: to make a booking κλείνω θέση *kleeno thesee*

booking office (railways, airlines, etc.) το εκδοτήριο *to
ekdhoteereeo*
(theatre) το ταμείο *to tameeo*

bookshop το βιβλιοπωλείο *to veevleeopoleeo*

boots οι μπότες *ee botes*

border (frontier) τα σύνορα *ta seenora*

boring βαρετός *varetos*

boss ο / η προϊστάμενος *o / ee proeestamenos*

both και οι δυο *ke ee dheeo*

bottle το μπουκάλι *to bookalee*

bottle-opener το ανοιχτήρι *to aneekhteeree*

box (container) το κιβώτιο *to keevoteeo*
(cardboard) το κουτί *to kootee*

box office το ταμείο *to tameeo*

boy το αγόρι *to aghoree*

boyfriend ο φίλος *o feelos*

bra το σουτιέν *to sootee-en*

bracelet το βραχιόλι *to vrakheeolee*

brake fluid το υγρό των φρένων *to eeghro ton frenon*

brakes τα φρένα *ta frena*

brandy το κονιάκ *to konyak*

bread το ψωμί *to psomee*

break *vb* σπάζω *spazo*

breakable εύθραυστος *efthrafstos*

breakdown η βλάβη *ee vlavee*

breakdown van το συνεργείο διασώσεως *to seenergeeo dheeasoseos*

breakfast το πρόγευμα *to proyevma*

breast το στήθος *to steethos*

breathe αναπνέω *anapneo*

bride η νύφη *ee neefee*

bridegroom ο γαμπρός *o ghambros*

briefcase ο χαρτοφύλακας *o khartofeelakas*

bring φέρνω *ferno*

Britain η Βρετανία *ee vretanee-a*

British ο Βρετανός / η Βρετανίδα *o vretanos/ee vretaneedha*

brochure η μπροσούρα *ee brosoora*

broken σπασμένος *spasmenos*
  broken down χαλασμένος *khalasmenos*

brooch η καρφίτσα *ee karfeetsa*

broom η σκούπα *ee skoopa*

brother ο αδελφός *o adhelfos*

brown καφέ *kafe*

brush η βούρτσα *ee voortsa*

bucket ο κουβάς *o koovas*

buffet ο μπουφές *o boofes*

buffet car το βαγόνι ρεστωράν *to vaghonee restoran*

bulb *(light)* ο γλόμπος *o ghlobos*

buoy η σημαδούρα *ee seemadhoora*

bureau de change *(bank)* ξένο συνάλλαγμα *kseno seenalaghma*

burnt καμένος *kamenos*

burst σκάζω *skazo*

bus το λεωφορείο *to leoforeeo*

business η δουλειά *ee dhooleea*

bus station ο σταθμός του λεωφορείου *o stathmos too leoforee-oo*

bus stop η στάση του λεωφορείου *ee stasee too leoforeeoo*

bus terminal το τέρμα του λεωφορείου *to terma too leoforeeoo*

bus tour η εκδρομή με λεωφορείο *ee ekdhromee me leoforeeo*

busy απασχολημένος *apaskholeemenos*

but αλλά *ala*

butcher's το κρεοπωλείο *to kreopoleeo*

butter το βούτυρο *to vooteero*

button το κουμπί *to koombee*

buy αγοράζω *aghorazo*

by *(beside)* κοντά σε *konda se*
(time) μέχρι *mekhree*

cabaret το καμπαρέ *to kabare*

cabbage το λάχανο *to lakhano*

cable car ο κρεμαστός σιδηρόδρομος *o kremastos seedheerodhromos*

café το καφενείο *to kafeneeo*

cake το γλύκισμα *to ghleekeesma*

calamine lotion η καλαμίνα λοσιόν *ee kalameena loseeon*

calculator ο υπολογιστής *o eepologheestees*

call *vb* φωνάζω *fonazo*

call *n (telephone)* η κλήση *ee kleesee*
  long-distance call η υπεραστική κλήση *ee eeperasteekee kleesee*

calm ήσυχος *eeseekhos*

camcorder η βιντεοκάμερα *ee veedeokamera*

camera η φωτογραφική μηχανή *ee fotoghrafeekee meekhanee*

camp κατασκηνώνω *kataskeenono*

campsite το κάμπινγκ *to camping*

can *vb* : *I can* μπορώ *boro*
  you can μπορείς *borees*
  he can μπορεί *boree*

can *n (of food)* η κονσέρβα *ee konserva*
  (for oil) ο τενεκές *o tenekes*

Canada ο Καναδάς *o kanadhas*

Canadian ο Καναδός / η Καναδή *o Kanadhos/ee Kanadhee*

candle το κερί *to keree*

cancel ακυρώνω *akeerono*

canoe το κανό *to kano*

can-opener το ανοιχτήρι *to aneekhteeree*

car το αυτοκίνητο *to aftokeeneeto*

carafe η καράφα *ee karafa*

caravan το τροχόσπιτο *to trokhospeeto*

carburettor το καρμπιρατέρ *to karbeerater*

card η κάρτα *ee karta*

cardigan η ζακέτα *ee zaketa*

careful προσεκτικός *prosekteekos*

car ferry το φέριμποτ *to fereebot*

car park το πάρκινγκ *to parking*

carpet το χαλί *to khalee*
  (fitted) η μοκέτα *ee moketa*
carriage (railway) το βαγόνι *to vaghonee*
  (transport of goods) η μεταφορά *ee metafora*
carrot το καρότο *to karoto*
carry κουβαλώ *koovalo*
car wash το πλυντήριο αυτοκινήτων *to pleenteereeo aftokeeneeton*
case η υπόθεση *ee eepothesee*
  (suitcase) η βαλίτσα *ee valeetsa*
cash vb (cheque) εξαργυρώνω *eksaryeerono*
cash n τα μετρητά *ta metreeta*
cash desk το ταμείο *to tameeo*
cashier ο ταμίας *o tameeas*
casino το καζίνο *to kazeeno*
cassette η κασέτα *ee kaseta*
castle το κάστρο *to kastro*
cat η γάτα *ee ghata*
catch πιάνω *peeano*
  (bus, train, etc.) πέρνω *perno*
cathedral ο καθεδρικός ναός *o kathedhreekos naos*
Catholic καθολικός *katholikos*
cauliflower το κουνουπίδι *to koonoopeedhee*
cave η σπηλιά *ee speeleea*
celery το σέλινο *to seleeno*
cemetery το νεκροταφείο *to nekrotafee-o*
centimetre ο πόντος *o pondos*
central κεντρικός *kendreekos*
centre το κέντρο *to kendro*
century ο αιώνας *o eonas*
certain βέβαιος *veveos*
certainly βεβαίως *veveos*

certificate το πιστοποιητικό *to peestopee-eeteeko*

chain η αλυσίδα *ee aleeseedha*

chair η καρέκλα *ee karekla*

chair lift η κρεμαστή καρέκλα *ee kremastee karekla*

champagne η σαμπάνια *ee sambanea*

change n η αλλαγή *ee alayee*
(money) τα ρέστα *ta resta*

change vb αλλάζω *alazo*

changing room (beach, sports) το αποδυτήριο *to apodheeteereeo*

chapel το παρεκκλήσι *to parekleesee*

charge η τιμή *ee teemee*

charter flight η ναυλωμένη πτήση *ee navlomenee pteesee*

cheap φτηνός *fteenos*

cheaper φτηνότερος *fteenoteros*

check vb ελέγχω *elenkho*

check in περνώ από τον έλεγχο εισιτηρίων *perno apo ton elenkho eeseeteereeon*

check-in desk ο έλεγχος εισιτηρίων *o elenkhos eeseeteereeon*

cheerio! γεια *ya*

cheers! (your health) στην υγειά σας *steen eeya sas*

cheese το τυρί *to teeree*

chemist's το φαρμακείο *to farmakeeo*

cheque η επιταγή *ee epeetayee*

cheque book το βιβλιαράκι επιταγών *to veevleearakee epeetaghon*

cheque card η κάρτα επιταγών *ee karta epeetaghon*

cherry το κεράσι *to kerasee*

chestnut το κάστανο *to kastano*

chewing gum η τσίχλα *ee tseekhla*

chicken το κοτόπουλο *to kotopoolo*

chickenpox η ανεμοβλογιά *ee anemovlogheea*

child το παιδί *to pedhee*

children τα παιδιά *ta pedheea*

chilli η κοκκινοπιπεριά *ee kokeenopeepereea*

chilled: is the wine chilled? είναι κρύο το κρασί; *eene kreeo to krasee*

chips πατάτες τηγανητές *patates teeghaneetes*

chocolate η σοκολάτα *ee sokolata*

chocolates οι σοκολάτες *ee sokolates*

Christmas τα Χριστούγεννα *ta khreestooyena*
merry Christmas! καλά Χριστούγεννα *kala khreestooyena*

church η εκκλησία *ee ekleeseea*

cider ο μηλίτης *o meeleetees*

cigar το πούρο *to pooro*

cigarette το τσιγάρο *to tseegharo*

cigarette paper το τσιγαρόχαρτο *to tseegharokharto*

cinema ο κινηματογράφος *o keeneematoghrafos*

circus το τσίρκο *to tseerko*

city η πόλη *ee polee*

clean *adj* καθαρός *katharos*

clean *vb* καθαρίζω *kathareezo*

cleansing cream η κρέμα καθαρισμού *ee krema kathareesmoo*

client ο πελάτης / η πελάτισσα *o pelatees / ee pelateesa*

climbing η ορειβασία *ee oreevaseea*

climbing boots οι μπότες ορειβασίας *ee botes oreevaseeas*

cloakroom η γκαρνταρόμπα *ee gardaroba*

clock το ρολόι *to roloee*

close *vb* κλείνω *kleeno*

close *adj* (near) κοντινός *kondeenos*
(weather) αποπνιχτικός *apopneekhteekos*

closed κλειστός *kleestos*

cloth το πανί *to panee*
  (for floor) το σφουγγαρόπανο *to sfoongaropano*
clothes τα ρούχα *ta rookha*
clothes peg το μανταλάκι *to mandalakee*
cloudy συννεφιασμένος *seenefeeasmenos*
cloves (spice) τα γαρίφαλα *ta ghareefala*
club η λέσχη *ee leskhee*
coach (railway) το βαγόνι *to vaghonee*
  (bus) το πούλμαν *to poolman*
  (instructor) ο προπονητής *o proponeetees*
coach trip το ταξίδι με πούλμαν *to takseedhee me poolman*
coast οι ακτές *ee aktes*
coastguard η ακτοφυλακή *ee aktofeelakee*
coat το παλτό *to palto*
coat hanger η κρεμάστρα *ee kremastra*
cocoa το κακάο *to kakao*
coconut η καρύδα *ee kareedha*
coffee ο καφές *o kafes*
  black coffee (Greek) σκέτος καφές *sketos kafes*
  white coffee καφές με γάλα *kafes me ghala*
coin το νόμισμα *to nomeesma*
colander το στραγγιστήρι *to strangeesteeree*
cold κρύος *kreeos*
  I have a cold είμαι κρυωμένος *eeme kreeomenos*
  I'm cold κρυώνω *kreeono*
colour το χρώμα *to khroma*
colour film το έγχρωμο φιλμ *to enkhromo feelm*
comb η χτένα *ee khtena*
come έρχομαι *erkhome*
come back γυρίζω *yereezo*
come in μπαίνω *beno*
comfortable αναπαυτικός *anapafteekos*

communion *(holy)* η θεία κοινωνία *ee theea keenoneea*

company *(firm)* η εταιρία *ee etereea*

compartment το διαμέρισμα *to dheeamereesma*

complain παραπονούμαι *paraponoome*

compulsory υποχρεωτικός *eepokhreoteekos*

computer ο κομπιούτερ *o computer*

concert η συναυλία *ee seenavleea*

condensed milk συμπυκνωμένο γάλα *seembeeknomeno ghala*

condition η κατάσταση *ee katastasee*

conditioner το μαλακτικό *to malakteeko*

condom το προφυλακτικό *to profeelakteeko*

conductor *(in bus or train)* ο εισπράκτορας *o eespraktoras*

conference η διάσκεψη *ee dheeaskepsee*

confirm επιβεβαιώνω *epeeveveono*

congratulations! συγχαρητήρια *seenkhareeteereea*

connection *(trains, etc.)* η σύνδεση *ee seendhesee*

constipated: to be constipated έχω δυσκοιλιότητα *ekho dheeskeeleeoteeta*

consulate το προξενείο *to prokseneeo*

contact επικοινωνώ *epeekeenono*

contact lenses οι φακοί επαφής *ee fakee epafees*

contact lens cleaner το καθαριστικό διάλυμα *to kathareesteeko dheealeema*

Continental breakfast το ευρωπαϊκό πρόγευμα *to evropaeeko proyevma*

contraceptives τα αντισυλληπτικά *ta andeeseeleepteeka*

cook μαγειρεύω *mayeerevo*

cooker η κουζίνα *ee koozeena*

cool δροσερός *dhroseros*

cool box *(for picnics)* το δοχείο ψύξεως *to dhokheeo pseekseos*

copy vb αντιγράφω *andeeghrafo*
copy n το αντίγραφο *to andeeghrafo*
coriander ο κόλιαντρος *o koleeantros*
corkscrew το τιρμπουσόν *to teerbooson*
corn (sweet corn) το καλαμπόκι *to kalambokee*
corner η γωνία *ee ghoneea*
cornflakes τα κορνφλέικς *ta cornflakes*
cortisone η κορτιζόνη *ee korteezonee*
cosmetics τα καλλυντικά *ta kaleendeeka*
cost στοιχίζω *steekheezo*
cotton το βαμβάκι *to vamvakee*
cotton wool το βαμβάκι *to vamvakee*
couchette η κουκέτα *ee kooketa*
cough ο βήχας *o veekhas*
country η χώρα *ee khora*
  (not town) η εξοχή *ee eksokhee*
couple το ζευγάρι *to zevgharee*
courgette το κολοκυθάκι *to kolokeethakee*
courier (for tourists) ο / η συνοδός *o / ee seenodhos*
course (meal) το πιάτο *to peeato*
cousin ο εξάδελφος / η εξαδέλφη *o eksadhelfos / ee eksadhelfee*
cover charge το κουβέρ *to koover*
crab το καβούρι *to kavooree*
crash η σύγκρουση *ee seengroosee*
crash helmet το κράνος *to kranos*
cream η κρέμα *ee krema*
credit card η πιστωτική κάρτα *ee peestoteekee karta*
crisps τα πατατάκια *ta patatakeea*
croquette η κροκέτα *ee kroketa*
cross περνώ απέναντι *perno apenandee*
crossroads το σταυροδρόμι *to stavrodhromee*

crowded γεμάτος *yematos*
cruise η κρουαζιέρα *ee krooaz-yera*
cucumber το αγγούρι *to angooree*
cup το φλιτζάνι *to fleedzanee*
cupboard το ντουλάπι *to doolapee*
currant η σταφίδα *ee stafeedha*
current *(electric)* το ρεύμα *to revma*
cushion το μαξιλάρι *to makseelaree*
custard η κρέμα *ee krema*
customer ο πελάτης *o pelatees*
customs το τελωνείο *to teloneeo*
cut *vb* κόβω *kovo*
cut *n* το κόψιμο *to kopseemo*
cutlery τα μαχαιροπήρουνα *ta makheropeeroona*
cycle το ποδήλατο *to podheelato*
cycling η ποδηλασία *ee podheelaseea*

daily ημερήσιος *eemereeseeos*
damage η ζημιά *ee zeemeea*
damp υγρός *eeghros*
dance *n* ο χορός *o khoros*
dance *vb* χορεύω *khorevo*
dangerous ο κίνδυνος *o keendheenos*
dangerous επικίνδυνος *epeekeendheenos*
dark *(colour)* σκούρο *skooro*
  its dark είναι σκοτεινά *eene skoteena*
date η ημερομηνία *ee eemeromeeneea*
  whats the date? τι ημερομηνία είναι; *tee eemeromeeneea eene*
date of birth η ημερομηνία γεννήσεως *ee eemeromeeneea yeneeseos*

daughter η κόρη *ee koree*

day η μέρα *ee mera*

dead νεκρός *nekros*

dear αγαπητός *aghapeetos*
(expensive) ακριβός *akreevos*

decaffeinated χωρίς καφεΐνη *khorees kafe-eenee*

deck chair η σεζλόγκ *ee sezlong*

declare δηλώνω *dheelono*

deep βαθύς *vathees*

deep freeze η κατάψυξη *ee katapseeksee*

defrost (windscreen, food) ξεπαγώνω *ksepaghono*

delay η καθυστέρηση *ee katheestereesee*

delicious νόστιμος *nosteemos*

dentist ο / η οδοντογιατρός *o / ee odhontoyatros*

dentures η οδοντοστοιχία *ee odhontosteekheea*

deodorant το αποσμητικό *to aposmeeteeko*

department store το πολυκατάστημα *to poleekatasteema*

departure η αναχώρηση *ee anakhoreesee*

departure lounge η αίθουσα αναχωρήσεων *ee ethoosa anakhoreeseon*

deposit (in a bank) η κατάθεση *ee katathesee*
(part payment) η προκαταβολή *ee prokatavolee*

dessert το επιδόρπιο *to epeedhorpeeo*

details οι λεπτομέρειες *ee leptomeree-es*

detergent το απορρυπαντικό *to aporeepanteeko*

detour: to make a detour βγαίνω από το δρόμο *vgheno apo to dhromo*

develop αναπτύσσω *anapteeso*

diabetic διαβητικός *dheeaveeteekos*

dialling code ο τηλεφωνικός κώδικας *o teelefoneekos kodheekas*

diamond το διαμάντι *to dheeamandee*

diarrhoea η διάρροια *ee dheeareea*

diary το ημερολόγιο *to eemeroloyeeo*

dictionary το λεξικό *to lekseeko*

diesel το ντίζελ *to deezel*

diet η δίαιτα *ee dhee-eta*
　I'm on a diet κάνω δίαιτα *kano dhee-eta*

different διαφορετικός *dheeaforeteekos*

difficult δύσκολος *dheeskolos*

dinghy η μικρή βάρκα *ee meekree varka*

dining room η τραπεζαρία *ee trapezareea*

dinner το δείπνο *to dheepno*

direct άμεσος *amesos*

directly (at once) αμέσως *amesos*

directory (telephone) ο τηλεφωνικός κατάλογος *o teelefoneekos kataloghos*

directory enquiries οι πληροφορίες τηλεφωνίας *ee pleeroforee-es teelefonee-as*

dirty ακάθαρτος *akathartos*

disabled ανάπηρος *anapeeros*

disco η ντισκοτέκ *ee deeskotek*

discount η έκπτωση *ee ekptosee*

dish το πιάτο *to peeato*

dishtowel μ πετσέτα πιάτων *ee petseta peeaton*

dishwasher το πλυντήριο πιάτων *to pleenteereeo peeaton*

disinfectant το απολυμαντικό *to apoleemandeeko*

distilled water το απεσταγμένο νερό *to apestaghmeno nero*

divorced ο χωρισμένος / η χωρισμένη *o khoreesmenos / ee khoreesmenee*

dizzy ζαλισμένος *zaleesmenos*

do: *I do* κάνω *kano*
　you do κάνεις *kanees*

doctor ο / η γιατρός *o / ee yatros*

documents τα έγγραφα *ta engrafa*

dog το σκυλί *to skeelee*

doll η κούκλα *ee kookla*

dollar το δολάριο *to dholareeo*

door η πόρτα *ee porta*

donkey το γαϊδούρι *to ghaeedhooree*

double διπλός *dheeplos*

double bed το διπλό κρεββάτι *to dheeplo krevatee*

double room το δίκλινο δωμάτιο *to dheekleeno dhomateeo*

down: to go down κατεβαίνω *kateveno*

downstairs κάτω *kato*

drachmas δραχμές *dhrakhmes*

drain η αποχέτευση *ee apokhetefsee*

draught *(of air)* το ρεύμα *to revma*

drawer το συρτάρι *to seertaree*

dress n το φόρεμα *to forema*

dress vb ντύνομαι *deenome*

dressing *(for salad)* το λαδολέμονο *to ladholemono*

drink n το ποτό *to poto*
  to have a drink έχω ένα ποτό *ekho ena poto*

drink vb πίνω *peeno*

drinking chocolate η σοκολάτα *ee sokolata*

drinking water το πόσιμο νερό *to poseemo nero*

drive οδηγώ *odheegho*

driver ο οδηγός *o odheeghos*

driving licence η άδεια οδήγησης *ee adheea odheeyeesees*

drought η ανομβρία *ee anomvreea*

drown vb πνίγομαι *pneeghome*

drug *(illegal)* το ναρκωτικό *to narkoteeko*
  (medicine) το φάρμακο *to farmako*

drunk μεθυσμένος *metheesmenos*

dry n στεγνός *steghnos*

dry vb στεγνώνω *steghnono*

dry-cleaners το καθαριστήριο *to kathareesteereeo*

duck η πάπια *ee papeea*

due: when is the train due? πότε θα φτάσει το τραίνο; *pote tha ftasee to treno*

dummy η πιπίλα *ee peepeela*

during κατά τη διάρκεια *kata tee dheearkeea*

dust n η σκόνη *ee skonee*

duty-free αφορολόγητος *aforoloyeetos*

duty-free shop κατάστημα αφορολόγητων *katasteema aforoloyeeton*

duvet το πάπλωμα *to paploma*

dynamo το δυναμό *to dheenamo*

each κάθε *kathe*
  100 drachmas each εκατό δραχμές ο καθένας *ekato drakhmes o kathenas*

ear το αυτί *to aftee*

earache: I have earache με πονάει το αυτί μου *me ponaee to aftee moo*

earlier νωρίτερα *noreetera*

early νωρίς *norees*

earrings τα σκουλαρίκια *ta skoolareekeea*

earth (planet) η γη *ee yee*

earthquake ο σεισμός *o seesmos*

east η ανατολή *ee anatolee*

Easter το Πάσχα *to paskha*

easy εύκολος *efkolos*

eat τρώω *tro-o*

eel το χέλι *to khelee*

egg το αβγό *to avgho*
  fried eggs αβγά τηγανητά *avgha teeghaneeta*
  boiled eggs αβγά βραστά *avgha vrasta*
  poached eggs αβγά ποσέ *avgha pose*

egg cup η αβγοθήκη *ee avghotheekee*

either ... or η ... ή / είτε ... είτε *ee ...ee / eete ... eete*

elastic το λάστιχο *to lasteekho*

elastic band το λαστιχάκι *to lasteekhakee*

electric ηλεκτρικός *eelektreekos*

electrician ο ηλεκτρολόγος *o eelektrologhos*

electricity ο ηλεκτρισμός *o eelektreesmos*

electricity meter ο μετρητής ηλεκτρισμού *o metreetees eelektreesmoo*

electric razor η ηλεκτρική ξυριστική μηχανή *ee eelektreekee kseereesteekee meekhanee*

embassy η πρεσβεία *ee presveea*

emergency: its an emergency είναι κρίσιμη περίσταση *eene kreeseemee pereestasee*

empty άδειος *adheeos*

end το τέλος *to telos*

engaged *(to be married)* αρραβωνιασμένος / η *aravoneeasmenos / ee*
  (toilet) κατειλημένη *kateeleemenee*
  (phone) μιλάει *meelaee*

engine η μηχανή *ee meekhanee*

England η Αγγλία *ee angleea*

English ο Άγγλος / η Αγγλίδα *o anglos / ee angleedha*

enjoy: to enjoy oneself διασκεδάζω *dheeaskedhazo*

enough αρκετά *arketa*
  enough bread αρκετό ψωμί *arketo psomee*

enquiry desk / office το γραφείο πληροφοριών *to ghrafeeo pleeroforeeon*

enter μπαίνω *beno*

entertainment η ψυχαγωγία *ee pseekhaghoyeea*

entrance η είσοδος *ee eesodhos*

entrance fee η τιμή εισόδου *ee teemee eesodhoo*

envelope ο φάκελος *o fakelos*

equipment ο εξοπλισμός *o eksopleesmos*

escalator η κυλιόμενη σκάλα *ee keeleeomenee skala*

especially ειδικά *eedheeka*

essential απαραίτητος *apareeteetos*

Eurocheque η ευρωεπιταγή *ee evroepeetaghee*

Europe η Ευρώπη *ee evropee*

even number ο ζυγός αριθμός *o zeeghos areethmos*

evening το βράδυ *to vradhee*
  this evening απόψε *apopse*
  in the evening το βράδυ *to vradhee*

every κάθε *kathe*

everyone όλοι *olee*

everything όλα *ola*

exact ακριβής *akreevees*

examination η εξέταση *ee eksetasee*

excellent εξαιρετικός *eksereteekos*

except εκτός από *ektos apo*

excess luggage επί πλέον αποσκευές *epee pleon aposkeves*

exchange *vb* ανταλλάζω *andalazo*

exchange *n* η ανταλλαγή *ee andalayee*

exchange rate η τιμή του συναλλάγματος *ee teemee too seenalaghmatos*

exciting συναρπαστικός *seenarpasteekos*

excursion η εκδρομή *ee ekdhromee*

excuse me με συγχωρείτε *me seenkhoreete*

exhaust pipe η εξάτμιση *ee eksatmeesee*

exhibition η έκθεση *ee ekthesee*

exit η έξοδος *ee eksodhos*

expensive ακριβός *akreevos*

expert ο / η ειδικός *o / ee eedheekos*

expire λήγω *leegho*

expired έχει λήξει *ekhee leeksee*

explain εξηγώ *ekseegho*

express (train) η ταχεία *ee takheea*

express letter το κατεπείγον γράμμα *to katepeeghon ghrama*

extra: it costs extra στοιχίζει επιπλέον *steekheezee epeepleon*

   extra money περισσότερα χρήματα *pereesotera khreemata*

eyeliner αϊλάινερ *eyeliner*

eyes τα μάτια *ta mateea*

eye shadow σκιά για τα μάτια *skeea ya ta mateea*

fabric το ύφασμα *to eefasma*

face το πρόσωπο *to prosopo*

facilities οι ευκολίες *ee efkole-ees*

factory το εργοστάσιο *to erghostaseeo*

faint λιποθυμώ *leepotheemo*

fainted λιποθύμησε *leepotheemeese*

fair adj (hair) ξανθός *ksanthos*

fair n (commercial) η έκθεση *ee ekthesee*
   (fun fair) το λούνα παρκ *to loona park*

fall πέφτω *pefto*
   he / she has fallen έπεσε *epese*

family η οικογένεια *ee eekoyeneea*

famous διάσημος *dheeaseemos*

fan (electric) ο ανεμιστήρας *o anemeest**ee**ras*
(supporter) ο θαυμαστής / η θαυμάστρια *o thavmast**ee**s / ee thavmastreea*

fan belt η ταινία του ανεμιστήρα *ee ten**ee**a too anemeest**ee**ra*

far μακριά *makr**ee**a*

fare (bus, train) τα ναύλα *ta n**a**vla*

farm το αγρόκτημα *to aghr**o**kteema*

fast γρήγορα *ghr**ee**ghora*

fat adj χοντρός *khondr**o**s*

fat n το λίπος *to l**ee**pos*

father ο πατέρας *o pat**e**ras*

father-in-law ο πεθερός *o pether**o**s*

fault: *it was not my fault* δε φταίω εγώ *dhe fte-o egh**o***

favourite ο πιο αγαπημένος *o p**e**eo aghapeem**e**nos*

fax n το φαξ *fax*

feather το φτερό *to fter**o***

feed τρέφω *trefo*
(baby) ταΐζω *ta**ee**zo*

feel vb αισθάνομαι *esth**a**nome*
I feel sick θέλω να κάνω εμετό *th**e**lo na k**a**no emet**o***

female θηλυκός *theeleek**o**s*

ferry το φέριμποτ *to f**e**reebot*

festival το φεστιβάλ *to festeev**a**l*

fetch φέρνω *f**e**rno*

fever ο πυρετός *o peeret**o**s*

few: *a few* μερικοί / μερικές / μερικά *mereek**ee** (masc.) / mereek**e**s (fem.) / mereek**a** (neut.)*

fiancé(e) ο μνηστήρας / η μνηστή *o mneest**ee**ras / ee mneest**ee***

field το χωράφι *to khor**a**fee*

file (nail) η λίμα *ee l**ee**ma*
(computer) το αρχείο *to arkh**ee**o*

fill γεμίζω yem**ee**zo
  to fill up γεμίζω yem**ee**zo
  fill it up! (car) γεμίστε το yem**ee**ste to

fillet το φιλέτο to f**ee**leto

filling (in cake, etc.) η γέμιση ee y**e**meesee
  (in tooth) το σφράγισμα to sfr**a**yeesma

film (for camera) το φιλμ to film
  (in cinema) η ταινία ee ten**ee**a

filter το φίλτρο to f**ee**ltro

filter-tipped με φίλτρο me f**ee**ltro

finish τελειώνω tel**ee**ono

fire (heater) η θερμάστρα ee therm**a**stra
  fire! φωτιά! fot**ee**a!
  fire brigade η πυροσβεστική ee peerosvesteek**ee**
  fire extinguisher ο πυροσβεστήρας o peerosvest**ee**ras

fireworks τα πυροτεχνήματα ta peerotekhn**ee**mata

first πρώτος pr**o**tos

first aid οι πρώτες βοήθειες ee pr**o**tes vo-**ee**theees

first class (seat, etc.) η πρώτη θέση ee pr**o**tee th**e**see

first floor ο πρώτος όροφος o pr**o**tos **o**rofos

first name το όνομα to **o**noma

fish n το ψάρι to ps**a**ree

fish vb ψαρεύω psar**e**vo

fishing rod το καλάμι ψαρέματος to kal**a**mee psar**e**matos

fit (healthy) υγιής eey**ee**-ees

fix επιδιορθώνω epeedheeorth**o**no
  (arrange) κανονίζω kanon**ee**zo

fizzy (drink) αεριούχο aeree**oo**kho

flash (on camera) το φλας to flas

flask ο θερμός o therm**o**s

flat (apartment) το διαμέρισμα to dheeam**e**reesma

flat tyre: *I have a flat tyre* έχω σκασμένο λάστιχο **e**kho skasm**e**no l**a**steekho

flea ο ψύλλος *o pseelos*

flight η πτήση *ee pteesee*

flippers τα ψαροπέδιλα *ta psaropedheela*

flood η πλημμύρα *ee pleemeera*

floor το πάτωμα *to patoma*
(storey) ο όροφος *o orofos*

flour το αλεύρι *to alevree*

flower το λουλούδι *to looloodhee*

flu η γρίππη *ee ghreepee*

fly η μύγα *ee meegha*

fog η ομίχλη *ee omeekhlee*

follow ακολουθώ *akolootho*

food το φαγητό *to fayeeto*

food poisoning η τροφική δηλητηρίαση *ee trofeekee dheeleeteereeasee*

foot το πόδι *to podhee*

football το ποδόσφαιρο *to podhosfero*

for για *ya*

foreign ξένος *ksenos*

forest το δάσος *to dhasos*

forget ξεχνώ *ksekhno*

fork το πηρούνι *to peeroonee*
(in road) η διακλάδωση *ee dheeakladhose*

fortnight το δεκαπενθήμερο *to dhekapentheemero*

fountain το σιντριβάνι *to seendreevanee*

fracture *(of bone)* το κάταγμα *to kataghma*

France η Γαλλία *ee ghaleea*

free ελεύθερος *eleftheros*
(costing nothing) δωρεάν *dhorean*

freezer ο καταψύκτης *o katapseektees*

French (thing) γαλλικός *ghaleekos*

French beans τα φασολάκια *ta fasolakeea*

frequent συχνός *seekhnos*

fresh φρέσκος *freskos*

fridge το ψυγείο *to pseeyeeo*

fried τηγανητός *teeghaneetos*

friend ο φίλος / η φίλη *o feelos / ee feelee*

from από *apo*

front *(part)* το μπροστινό (μέρος) *to brosteeno (meros)*
  in front μπροστά *brosta*

frosty ψυχρός *pseekhros*

frozen *(water)* παγωμένος *paghomenos*
  (food) κατεψυγμένος *katepseeghmenos*

fruit τα φρούτα *ta froota*

fruit juice ο χυμός φρούτων *o kheemos frooton*

fruit salad η φρουτοσαλάτα *ee frootosalata*

frying pan το τηγάνι *to teeghanee*

fuel τα καύσιμα *ta kafseema*

fuel pump η αντλία καυσίμων *ee andleea kafseemon*

full γεμάτος *yematos*

full board (η) πλήρης διατροφή *(ee) pleerees dheeatrofee*

fumes *(of car)* τα καυσαέρια *ta kafsaereea*

funeral η κηδεία *ee keedheea*

funny αστείος *asteeos*

fur η γούνα *ee ghoona*

furniture τα έπιπλα *ta epeepla*

fuse η ασφάλεια *ee asfaleea*

gallery *(art)* η πινακοθήκη *ee peenakotheekee*

game το παιγνίδι *to peghneedhee*
  (to eat) το κυνήγι *to keeneeyee*

garage *(for parking car)* το γκαράζ *to garaz*

garden ο κήπος *o keepos*

garlic το σκόρδο *to skordho*

gas το γκάζι *to gazee*

gas cylinder η φιάλη γκαζιού *ee feealee gazeeoo*

gears οι ταχύτητες *ee takheeteetes*

gentleman ο κύριος *o keereeos*

gents (toilet) Ανδρών *andhron*

genuine γνήσιος *ghneeseeos*

germ το μικρόβιο *to meekroveeo*

German measles η ερυθρά *ee ereethra*

get αποκτώ *apokto*
  (fetch) φέρνω *ferno*

get in (car, etc.) μπαίνω *beno*

get off (from bus) κατεβαίνω από *kateveno apo*

get on (bus) ανεβαίνω στο (λεωφορείο) *aneveno sto leoforeeo*

get through (on the phone) συνδέομαι *seendheome*

gift το δώρο *to dhoro*

gift shop το μαγαζί δώρων *to maghazee dhoron*

gin το τζιν *to gin*

ginger η πιπερόρριζα *ee peeperoreeza*

girl το κορίτσι *to koreetsee*

girlfriend η φίλη *ee feelee*

give δίνω *dheeno*

give back επιστρέφω *epeestrefo*

glass (to drink from) το ποτήρι *to poteeree*
  a glass of water ένα ποτήρι νερό *ena poteeree nero*

glasses (spectacles) τα γυαλιά *ta yaleea*

gloves τα γάντια *ta ghandeea*

glucose η γλυκόζη *ee ghleekozee*

glue n η κόλλα *ee kola*

glue vb κολλώ *kolo*

go πηγαίνω *peeyeno*
I go / I am going πηγαίνω *peeyeno*
you go / you are going πηγαίνεις *peeyenees*
go back γυρίζω πίσω *gheereezo peeso*
go down κατεβαίνω *kateveno*
go in μπαίνω *beno*
go out βγαίνω *vgheno*
go up ανεβαίνω *aneveno*
goat η κατσίκα *ee katseeka*
goggles τα γυαλιά *ta yaleea*
gold ο χρυσός *o khreesos*
(made of gold) χρυσός *khreesos*
golf το γκολφ *to golf*
golf course το γήπεδο του γκολφ *to yeepedho too golf*
good καλός *kalos*
good afternoon χαίρετε *kherete*
goodbye αντίο *andeeo*
good day καλημέρα *kaleemera*
good evening καλησπέρα *kaleespera*
good morning καλημέρα *kaleemera*
good night καληνύχτα *kaleeneekhta*
goose η χήνα *ee kheena*
gramme το γραμμάριο *to ghramareeo*
grandfather ο παππούς *o papoos*
grandmother η γιαγιά *ee yaya*
grapefruit το γκρέιπ-φρουτ *to grapefruit*
grapefruit juice ο χυμός γκρέιπ-φρουτ *o kheemos grapefruit*
grapes τα σταφύλια *ta stafeeleea*
grass το γρασίδι *to ghraseedhee*
greasy λιπαρός *leeparos*
great μεγάλος *meghalos*

Greece η Ελλάδα *ee eladha*

Greek *(person)* ο Έλληνας / η Ελληνίδα *o eleenas / ee eleeneedha*

Greek *adj* ελληνικός *eleeneekos*

green πράσινος *praseenos*

green card η πράσινη κάρτα *ee praseenee karta*

grey γκρίζος *greezos*

grilled της σχάρας *tees skharas*

grocer's το μπακάλικο *to bakaleeko* // το παντοπωλείο *to pandopoleeo*

ground *n* το έδαφος *to edhafos*

ground *adj (coffee, etc.)* αλεσμένος *alesmenos*

ground floor το ισόγειο *to eesoyeeo*

groundsheet ο μουσαμάς εδάφους *o moosamas edhafoos*

group η ομάδα *ee omadha*

grow μεγαλώνω *meghalono*

guarantee η εγγύηση *ee engee-eesee*

guard *(on train)* ο υπεύθυνος τραίνου *o eepeftheenos trenoo*

guest ο φιλοξενούμενος *o feeloksenoomenos*

guesthouse ο ξενώνας *o ksenonas*

guide *n* ο / η ξεναγός *o / ee ksenaghos*

guide *vb* ξεναγώ *ksenagho*

guidebook ο οδηγός *o odheeghos*

guided tour η περιήγηση με ξεναγό *ee peree-eeyeesee me ksenagho*

gym shoes τα παπούτσια γυμναστικής *ta papootseea yeemnasteekees*

131

haemorrhoids οι αιμορροΐδες *ee emoroeedhes*

hair τα μαλλιά *ta maleea*

hairbrush η βούρτσα *ee voortsa*

haircut το κούρεμα *to koorema*

hairdresser ο κομμωτής / η κομμώτρια *o komotees / ee komotreea*

hair dryer ο στεγνωτήρας *o steghnoteeras*

hairgrip το τσιμπιδάκι *to tseembeedhakee*

hair spray το σπρέι για μαλλιά *to spray ya maleea*

half το μισό *to meeso*

   half an hour μισή ώρα *meesee ora*

half board (η) ημιδιατροφή *(ee) eemeedhee-atrofee*

half-bottle το μικρό μπουκάλι *to meekro bookalee*

half fare το μισό εισιτήριο *to meeso eeseeteereeo*

ham το ζαμπόν *to zambon*

hand το χέρι *to kheree*

handbag η τσάντα *ee tsanda*

handicapped ανάπηρος *anapeeros*

handkerchief το μαντήλι *to mandeelee*

hand luggage οι χειραποσκευές *ee kheeraposkeves*

hand-made χειροποίητος *kheeropee-eetos*

happen συμβαίνω *seemveno*

   what happened? τι συνέβη; *tee seenevee*

happy ευτυχισμένος *efteekheesmenos*

harbour το λιμάνι *to leemanee*

hard-boiled (egg) σφιχτό *sfeekhto*

hat το καπέλο *to kapelo*

have see GRAMMAR

hay fever το αλλεργικό συνάχι *to aleryeeko seenakhee*

hazelnut το φουντούκι *to foondookee*

he αυτός *aftos*

head το κεφάλι *to kefalee*

headache: *I have a headache* έχω πονοκέφαλο *ekho ponokefalo*

hear ακούω *akoo-o*

hearing aid το ακουστικό βαρηκοΐας *to akoosteeko vareekoeeas*

heart η καρδιά *ee kardheea*

heart attack η καρδιακή προσβολή *ee kardheeakee prosvolee*

heater η θερμάστρα *ee thermastra*

heating η θέρμανση *ee thermansee*

heavy βαρύς *varees*

hello γεια σας *ya sas*

help βοηθώ *voeetho*
  help! βοήθεια *voeetheea*

hepatitis η ηπατίτιδα *ee eepateeteedha*

herb το βότανο *to votano*

here εδώ *edho*

high ψηλός *pseelos*

high blood pressure η ψηλή πίεση *ee pseelee pee-esee*

high chair η ψηλή παιδική καρέκλα *ee pseelee pedheekee karekla*

high tide η πλημμυρίδα *ee pleemeereedha*

hill ο λόφος *o lofos*
  (slope) η πλαγειά *ee playeea*

hill walking η ορειβασία *ee oreevaseea*

hire νοικιάζω *neekeeazo*

hit χτυπώ *khteepo*

hitchhike *n* το οτοστόπ *to otostop*

hold κρατώ *krato*

hold-up η καθυστέρηση *ee katheestereesee*

hole η τρύπα *ee treepa*

holiday οι διακοπές *ee dheeakopes*
  I'm on holiday είμαι διακοπές *eeme dheeakopes*

home το σπίτι *to speetee*
  at home στο σπίτι *sto speetee*

honey το μέλι *to melee*

honeymoon ο μήνας του μέλιτος *o meenas too meleetos*

hope n η ελπίδα *ee elpeedha*

hope vb ελπίζω *elpeezo*

hors d'œuvre τα ορεκτικά *ta orekteeka*

horse το άλογο *to alogho*

hose (in car) ο σωλήνας *o soleenas*

hospital το νοσοκομείο *to nosokomeeo*

hot ζεστός *zestos*
  I'm hot ζεσταίνομαι *zestenome*
  it's hot έχει ζέστη *ekhee zestee*
  hot water το ζεστό νερό *to zesto nero*

hotel το ξενοδοχείο *to ksenodhokheeo*

hour η ώρα *ee ora*

house το σπίτι *to speetee*

housewife η οικοκυρά *ee eekokeera*

house wine το κρασί χύμα *to krasee kheema*

how πώς *pos*
  how long? πόση ώρα; *posee ora*
  how much? πόσο; *poso*
  how many? πόσα; *posa*
  how are you? πώς είστε; *pos eeste*

hungry: *I'm hungry* πεινώ *peeno*

hurry: *I'm in a hurry* βιάζομαι *veeazome*

hurt: *that hurts* με πονάει *me ponaee*

husband ο σύζυγος *o seezeeghos*

hydrofoil το ιπτάμενο δελφίνι *to eeptameno dhelfeenee*

I εγώ *egho*

ice ο πάγος *o paghos*

ice cream / ice lolly το παγωτό *to paghoto*

iced *(drink)* παγωμένος *paghomenos*

ice rink το παγοδρόμιο *to paghodhromeeo*

icon η εικόνα *ee eekona*

if αν *an*

ignition η ανάφλεξη *ee anafleksee*

ill άρρωστος *arostos*

immediately αμέσως *amesos*

important σπουδαίος *spoodheos*

impossible αδύνατο *adheenato*

in μέσα *mesa*
  (with countries, towns) σε *se*

included συμπεριλαμβάνεται *seembereelamvanete*

indigestion η δυσπεψία *ee dheespepseea*

indoors μέσα *mesa*

infectious μεταδοτικός *metadhoteekos*

information οι πληροφορίες *ee pleeroforee-es*

information office το γραφείο πληροφοριών *to ghrafeeo pleeroforee-on*

injection η ένεση *ee enesee*

injured τραυματισμένος *travmateesmenos*

ink το μελάνι *to melanee*

insect το έντομο *to endomo*

insect bite το τσίμπημα *to tseembeema*

insect repellent το εντομοαπωθητικό *to endomo-apotheeteeko*

inside n *(interior)* το εσωτερικό *to esotereeko*
  inside the car μέσα στο αυτοκίνητο *mesa sto aftokeeneeto*
  it's inside είναι μέσα *eene mesa*

instant coffee στιγμιαίος καφές *steeghmee-eos kafes*

instructor ο εκπαιδευτής *o ekpedheftees*

insulin η ινσουλίνη *ee eensooleenee*

insurance η ασφάλεια *ee asfaleea*

insurance certificate η βεβαίωση ασφαλίσεως *ee veveosee asfaleeseos*

interesting ενδιαφέρων *endheeaferon*

international διεθνής *dhee-ethnees*

interpreter ο / η διερμηνέας *o / ee dhee-ermeeneas*

interval (theatre) το διάλειμμα *to dheealeema*

into σε *se*

invitation η πρόσκληση *ee proskleesee*

invite προσκαλώ *proskalo*

invoice το τιμολόγιο *to teemoloyeeo*

Ireland η Ιρλανδία *ee eerlandheea*

Irish (person) ο Ιρλανδός / η Ιρλανδή *o eerlandhos / ee eerlandhee*

iron (for clothes) το σίδερο *to seedhero* (metal) ο σίδηρος *o seedheeros*

iron vb σιδερώνω *seedherono*

ironmongers το σιδηροπωλείο *to seedheeropoleeo*

is see **(to be) GRAMMAR**

island το νησί *to neesee*

it see **GRAMMAR**

Italy η Ιταλία *ee eetaleea*

itch η φαγούρα *ee faghoora*

jack ο γρύλος *o ghreelos*

jacket το μπουφάν *to boofan*

jam η μαρμελάδα *ee marmeladha*

jammed στριμωγμένος *streemoghmenos*

jar το βάζο *to vazo*

jaundice ο ίκτερος *o eekteros*

jazz η τζαζ *ee jazz*

jeans το μπλου τζιν *to bluejean*

jelly το ζελέ *to zele*

jellyfish η τσούχτρα *ee tsookhtra*

jersey η φανέλα *ee fanela*

jetty ο μώλος *o molos*

jeweller's το κοσμηματοπωλείο *to kosmeematopoleeo*

jewellery τα κοσμήματα *ta kosmeemata*

job η δουλειά *ee dhooleea*

jogging: to go jogging πηγαίνω τζόκινγκ *peeyeno jogging*

join (a club) γίνομαι μέλος *gheenome melos*

joke το αστείο *to asteeo*

journey το ταξίδι *to takseedhee*

jug η κανάτα *ee kanata*

juice ο χυμός *o kheemos*

jump leads τα καλώδια μπαταρίας *ta kalodheea batareeas*

junction (crossroads) η διασταύρωση *ee dheeastavrosee*

just: just two μόνο δυο *mono dheeo*
 I've just arrived μόλις έφτασα *molees eftasa*

keep κρατώ *krato*

kettle ο βραστήρας *o vrasteeras*

key το κλειδί *to kleedhee*

key-ring το μπρελόκ *to brelok*

kidneys τα νεφρά *ta nefra*

kilo το κιλό *to keelo*

kilometre το χιλιόμετρο *to kheeleeometro*

kind n (sort) το είδος *to eedhos*

kind adj καλός *kalos*

king ο βασιλιάς *o vaseeleeas*

kiosk το περίπτερο *to pereeptero*

kiss vb φιλώ *feelo*

kitchen η κουζίνα *ee koozeena*

kitten το γατάκι *to ghatakee*

knee το γόνατο *to ghonato*

knickers η κιλότα *ee keelota*

knife το μαχαίρι *to makheree*

label η ετικέτα *ee eteeketa*

lace η νταντέλα *ee dandela*

laces (of shoe) τα κορδόνια *ta kordhoneea*

ladder η σκάλα *ee skala*

ladies (toilet) Γυναικών *yeenekon*

lady η κυρία *ee keereea*

lager η μπίρα *ee beera*

lake η λίμνη *ee leemnee*

lamb το αρνάκι *to arnakee*

lamp η λάμπα *ee lamba*

lane το δρομάκι *to dhromakee*

language η γλώσσα *ee ghlosa*

large μεγάλος *meghalos*

last τελευταίος *telefteos*
   last week η περασμένη βδομάδα *ee perasmenee vdhomadha*

late (in the day) αργά *argha*
   I am late (for an appointment) έχω αργήσει *ekho argheesee*
   the train is 10 minutes late το τρένο έχει αργήσει 10 λεπτά *to treno ekhee argheesee dheka lepta*

later αργότερα *arghotera*

laundry service η υπηρεσία πλυντηρίου *ee eepeereseea pleendeereeoo*

lavatory η τουαλέτα *ee tooaleta*

lawyer ο / η δικηγόρος *o / ee dheekeeghoros*

laxative το καθαρτικό *to katharteeko*

lay-by η βοηθητική λωρίδα *ee voeetheeteekee loreedha*

lazy τεμπέλης *tembelees*

lead (electric) το καλώδιο *to kalodheeo*

leader (guide) ο / η ξεναγός *o / ee ksenaghos*

leaf (of tree) το φύλλο *to feelo*

leak η διαρροή *ee dheearoee*

learn μαθαίνω *matheno*

least: at least τουλάχιστο *toolakheesto*

leather το δέρμα *to dherma*

leather goods τα δερμάτινα είδη *ta dhermateena eedhee*

leave φεύγω *fevgho*

leek το πράσσο *to prasso*

left: (on / to the) left αριστερά *areestera*

left-luggage (office) φύλαξη αποσκευών *feelaksee aposkevon*

leg το πόδι *to podhee*

lemon το λεμόνι *to lemonee*

lemonade η λεμονάδα *ee lemonadha*

lemon tea το τσάι με λεμόνι *to tsa-ee me lemonee*

lend δανείζω *dhaneezo*

length το μήκος *to meekos*

lens ο φακός *o fakos*

less: less milk λιγότερο γάλα *leeghotero ghala*

lesson το μάθημα *to matheema*

let (allow) επιτρέπω *epeetrepo*
  (hire out) νοικιάζω *neekeeazo*

letter το γράμμα *to ghrama*

letterbox το γραμματοκιβώτιο *to ghramatokeevoteeo*

lettuce το μαρούλι *to maroolee*

library η βιβλιοθήκη *ee veevleeotheekee*

licence η άδεια *ee adheea*

lid το κάλυμα *to kaleema*

lie down ξαπλώνω *ksaplono*

lifeboat η ναυαγοσωστική λέμβος *ee navaghososteekee lemvos*

lifeguard ο ναυαγοσώστης *o navaghosostees*

life jacket το σωσίβιο *to soseeveeo*

lift το ασανσέρ *to asanser*

lift pass *(skiing)* το εισιτήριο *to eeseeteereeo*

light το φως *to fos*

light bulb ο γλόμπος *o ghlobos*

lighter *(to light a cigarette)* ο αναπτήρας *o anapteeras*

lightning ο κεραυνός *o keravnos*

like *vb* : *I like* μου αρέσει *moo aresee*

like : *like you* σαν κι εσένα *san kesena*

lime *(fruit)* το γλυκολέμονο *to ghleekolemono*

line η γραμμή *ee ghramee*

lip salve το προστατευτικό στικ *to prostatefteeko stick*

lipstick το κραγιόν *to krayon*

liqueur το λικέρ *to leeker*

listen (to) ακούω *akoo-o*

litre το λίτρο *to leetro*

litter τα σκουπίδια *ta skoopeedheea*

little μικρός *meekros*
    a little λίγο *leegho*

live μένω *meno*
    he lives in London μένει στο Λονδίνο *menee sto londheeno*

liver το συκώτι *to seekotee*

living room το καθιστικό *to katheesteeko*

lizard η σαύρα *ee savra*

loaf το καρβέλι *to karvelee*

lobster ο αστακός *o astakos*

local τοπικός *topeekos*

lock n η κλειδαριά *ee kleedhareea*

lock vb κλειδώνω *kleedhono*
  I'm locked out κλειδώθηκα έξω *kleedhotheeka ekso*

locker (luggage) η θήκη *ee theekee*

lollipop το γλειφιτζούρι *to ghleefeedzooree*

London το Λονδίνο *to londheeno*

long μακρύς *makrees*

look at κοιτάζω *keetazo*

look after φροντίζω *frondeezo*

look for γυρεύω *yeerevo*

lorry το φορτηγό *to forteegho*

lose χάνω *khano*

lost χαμένος *khamenos*
  I've lost my wallet έχασα το πορτοφόλι μου *ekhasa to portofolee moo*
  I am lost χάθηκα *khatheeka*

lost-property office το γραφείο απολεσθέντων αντικειμένων
  to ghrafeeo apolesthendon andeekeemenon

lot: *a lot (of)* πολύς *polees*

lotion η λοσιόν *ee losee-on*

loud δυνατός *dheenatos*

lounge (at airport) η αίθουσα *ee ethoosa*
  (in hotel, house) το σαλόνι *to salonee*

love αγαπώ *aghapo*

lovely ωραίος *oreos*

low χαμηλός *khameelos*

low-alcohol beer μπίρα χαμηλή σε αλκοόλη *beera khameelee se alko-olee*

low tide η άμπωτη *ee ambotee*

luggage οι αποσκευές *ee aposkeves*

luggage allowance το επιτρεπόμενο βάρος αποσκευών *to epeetrepomeno varos aposkevon*

luggage rack ο χώρος αποσκευών *o khoros aposkevon*

luggage tag η ετικέτα *ee eteeketa*

luggage trolley το καροτσάκι αποσκευών *to karotsakee aposkevon*

lunch το μεσημεριανό *to meseemereeano*

luxury η πολυτέλεια *ee poleeteleea*

machine η μηχανή *ee meekhanee*

mad τρελός *trelos*

madam η κυρία *ee keereea*

magazine το περιοδικό *to pereeodheeko*

maid η καμαριέρα *ee kamaree-era*

maiden name το πατρώνυμο *to patroneemo*

main κύριος *keereeos*

mains (electric) ο κεντρικός αγωγός *o kendreekos aghoghos*

make vb κάνω *kano*

make-up το μακιγιάζ *to makeeyaz*

male αρσενικός *arseneekos*

mallet το ξύλινο σφυρί *to kseeleeno sfeeree*

man (mankind) ο άνθρωπος *o anthropos*
(as opposed to woman) ο άντρας *o andhras*

manager ο διευθυντής *o dhee-eftheendees*

many πολλοί *polee*
many people πολλοί άνθρωποι *polee anthropee*

map ο χάρτης *o khartees*

marble το μάρμαρο *to marmaro*

margarine η μαργαρίνη *ee marghareenee*

marina η μαρίνα *ee mareena*

market η αγορά *ee aghora*

market day η μέρα της αγοράς *ee mera tees aghoras*

marmalade η μαρμελάδα *ee marmeladha*

married παντρεμένος *pandremenos*

Martini το μαρτίνι *to martini*

marzipan το γκλασάρισμα αμυγδάλου *to glasareesma ameeghdhaloo*

mascara μάσκαρα *maskara*

mass (in church) η Θεία Λειτουργία *ee theea leetooryeea*

match (game) ο αγώνας *o aghonas*

matches τα σπίρτα *ta speerta*

material το υλικό *to eeleeko*

matter: it doesn't matter δεν πειράζει *dhen peerazee*
what's the matter with you? τι έχεις; *tee ehees*

mayonnaise η μαγιονέζα *ee mayoneza*

meal το γεύμα *to yevma*

mean εννοώ *enoo*

measles η ιλαρά *ee eelara*

meat το κρέας *to kreas*

mechanic ο μηχανικός *o meekhaneekos*

medicine το γιατρικό *to yatreeko*

Mediterranean η Μεσόγειος *ee mesoyeeos*

medium (wine) μέτριο γλυκύ *metreeo ghleekee*
(steak, size) μέτριο *metreeo*

meet συναντώ *seenando*

meeting η συνάντηση *ee seenanteesee*

melon το πεπόνι *to peponee*
(watermelon) το καρπούζι *to karpoozee*

melt λιώνω *leeono*

member *(of club)* το μέλος to m**e**los

men οι άντρες ee **a**ntres

menu ο κατάλογος o kat**a**loghos // το μενού to men**oo**

meringue η μαρέγκα ee mar**e**nga

message το μήνυμα to m**ee**neema

metal το μέταλο to m**e**talo

meter ο μετρητής o metr**ee**tees

metre το μέτρο to m**e**tro

microwave *(oven)* ο φούρνος μικροκυμάτων o f**oo**rnos meekrokeem**a**ton

midday το μεσημέρι to meseem**e**ree

midnight τα μεσάνυχτα ta mes**a**neekhta

migraine η ημικρανία ee eemeekran**ee**a

mile *5 miles = approx. 8 km*

milk το γάλα to gh**a**la

milk shake το μιλκσέικ to meelks**e**-eek

millimetre το χιλιοστόμετρο to kheeleeost**o**metro

million το εκατομμύριο to ekatom**ee**reeo

mince ο κιμάς o keem**a**s

mind: *do you mind if...?* σας ενοχλεί αν...; sas enokhl**ee** an...

mineral water το επιτραπέζιο νερό to epeetrap**e**zeeo ner**o** *(sparkling)* το μεταλλικό νερό to metaleek**o** ner**o**

minimum ελάχιστος el**a**kheestos

minor road ο δευτερεύων δρόμος o dhefter**e**von dhr**o**mos

mint *(herb)* ο δυόσμος o dhee**o**smos

minute το λεπτό to lept**o**

mirror ο καθρέφτης o kathr**e**ftees

miss *(train, etc.)* χάνω kh**a**no

Miss η Δεσποινίς ee dhespeen**ee**s

missing χαμένος kham**e**nos

mistake το λάθος to l**a**thos

misunderstanding η παρεξήγηση *ee parekseegheesee*

modern μοντέρνος *mondernos*

moisturizer η υδατική κρέμα *ee eedhateekee krema*

monastery το μοναστήρι *to monasteeree*

money τα χρήματα *ta khreemata*

money order η ταχυδρομική επιταγή *ee takheedhromeekee epeetayee*

month ο μήνας *o meenas*

monument το μνημείο *to mneemeeo*

moon το φεγγάρι *to fengaree*

mop η σφουγγαρίστρα *ee sfoongareestra*

more περισσότερος *pereesoteros*
  more bread κι' άλλο ψωμί *keealo psomee*

morning το πρωί *to proee*

mosaic το μωσαϊκό *to mosaeeko*

mosque το τζαμί *to dzamee*

mosquito το κουνούπι *to koonoopee*

most ο περισσότερος *o pereesoteros*

moth η πεταλουδίτσα *ee petaloodheetsa*

mother η μητέρα *ee meetera*

mother-in-law η πεθερά *ee pethera*

motor η μηχανή *ee meekhanee*

motorbike η μοτοσικλέτα *ee motoseekleta*

motorboat η βενζινάκατος *ee venzeenatakatos*

motorway ο αυτοκινητόδρομος *o aftokeeneetodhromos*

mountain το βουνό *to voono*

mouse το ποντίκι *to ponteekee*

mousse το μους *to moos*

moustache το μουστάκι *to moostakee*

mouth το στόμα *to stoma*

move κινούμαι *keenoome*

Mr Κύριος *keereeo(s)*

Mrs Κυρία *keereea*
much πολύς *polees*
  too much πολύ *polee*
  very much πάρα πολύ *para polee*
mumps οι μαγουλάδες *ee maghooladhes*
muscle ο μυς *o mees*
museum το μουσείο *to mooseeo*
mushroom το μανιτάρι *to maneetaree*
music η μουσική *ee mooseekee*
mussel το μύδι *to meedhee*
must: I must go πρέπει να πάω *prepee na pao*
  you must go πρέπει να πας *prepee na pas*
  he / she must go πρέπει να πάει *prepee na paee*
mustard η μουστάρδα *ee moostardha*

nail (metal) το καρφί *to karfee*
  (on finger, toe) το νύχι *to neekhee*
nail polish το βερνίκι *to verneekee*
nail polish remover το ασετόν *to aseton*
nailbrush η βούρτσα των νυχιών *ee voortsa ton neekheeon*
naked γυμνός *yeemnos*
name το όνομα *to onoma*
napkin η πετσέτα *ee petseta*
nappy η πάνα *ee pana*
narrow στενός *stenos*
nationality η υπκοότητα *ee eepeeko-oteeta*
navy blue μπλε *ble*
near κοντά *konda*
necessary απαραίτητος *apareeteetos*
neck ο λαιμός *o lemos*
necklace το κολιέ *to kolee-e*

need: *I need ...* χρειάζομαι ... *khreeazome ...*

needle το βελόνι *to velonee*
  a needle and thread βελόνι και κλωστή *velonee ke klostee*

negative *(photography)* αρνητικός *arneeteekos*

neighbour ο γείτονας / η γειτόνισσα *o yeetonas / ee yeetoneesa*

nephew ο ανιψιός *o aneepseeos*

never ποτέ *pote*
  I never go there δεν πηγαίνω ποτέ εκεί *dhen peegheno pote ekee*

new καινούριος *kenooryos*

news *(TV, radio)* οι ειδήσεις *ee eedheesees*

newspaper η εφημερίδα *ee efeemereedha*

New Year ο καινούριος χρόνος *o kenooryos khronos*
  happy New Year! καλή χρονιά! *kalee khroneea*

New Zealand η Νέα Ζηλανδία *ee nea zeelandheea*

next επόμενος *epomenos*

nice ωραίος *oreos*

niece η ανιψιά *ee aneepseea*

night η νύχτα *ee neekhta*

nightclub το νυχτερινό κέντρο *to neekhtereeno kendro*

nightdress το νυχτικό *to neekhteeko*

no όχι *okhee*

nobody κανένας *kanenas*

noisy θορυβώδης *thoreevodhees*

non-alcoholic μη οινοπνευματώδης *mee eenopnevmatodhees*

none κανένα *kanena*

non-smoking μη καπνίζοντες *mee kapneezondes*

north ο βορράς *o voras*

Nothern Ireland η Βόρεια Ιρλανδία *ee voreea eerlandheea*

nose η μύτη *ee meetee*

not μη *mee*
  I am not δεν είμαι *dhen eeme*

note *(bank note)* το χαρτονόμισμα *to khartonomeesma*
  (letter) το σημείωμα *to seemeeoma*

note pad το σημειωματάριο *to seemeeomatareeo*

nothing τίποτα *teepota*

now τώρα *tora*

nudist beach η παραλία για γυμνιστές *ee paraleea ya gheemneestes*

number ο αριθμός *o areethmos*

number plate *(on car)* η πινακίδα κυκλοφορίας *ee peenakeedha keekloforeeas*

nurse η νοσοκόμα *ee nosokoma*

nut *(peanut)* το φιστίκι *to feesteekee*
  (walnut) το καρύδι *to kareedhee*
  (hazelnut) το φουντούκι *to foondookee*
  (for bolt) το παξιμάδι *to pakseemadhee*

oar το κουπί *to koopee*

occasionally κάπου-κάπου *kapoo-kapoo*

octopus το χταπόδι *to khtapodhee*

odd number ο μονός αριθμός *o monos areethmos*

of: *of course* βέβαια *vevea*

off *(light, machine, etc.)* σβηστός *sveestos*
  its off (rotten) είναι χαλασμένο *eene khalasmeno*
  to get off the bus κατεβαίνω από το λεωφορείο *kateveno apo to leoforeeo*

offer προσφέρω *prosfero*

office το γραφείο *to ghrafeeo*

often συχνά *seekhna*

oil το λάδι *to ladhee*

oil filter το φίλτρο του λαδιού *to feeltro too ladheeoo*

ointment η αλοιφή *ee aleefee*

OK εντάξει *endaksee*

old *(person)* ηλικιωμένος *eeleekeeomenos*
  (thing) παλιός *paleeos*
  how old are you? πόσων χρόνων είστε; *poson khronon eeste*

olive oil το ελαιόλαδο *to eleoladho*

olives οι ελιές *ee elee-es*

omelette η ομελέτα *ee omeleta*

on *(light, machine, etc.)* ανοικτός *aneektos*
  on the table στο (τραπέζι) *sto (trapezee)*

once μία φορά *meea fora*

one ένας **/** μία **/** ένα *enas (masc.)* **/** *meea (fem.)* **/** *ena (neut.)*

one-way *(street)* ο μονόδρομος *o monodhromos*
  (ticket) το απλό εισιτήριο *to aplo eeseeteereeo*

onion το κρεμμύδι *to kremeedhee*

only μόνο *mono*

open *vb* ανοίγω *aneegho*

open *adj* ανοιχτός *aneekhtos*

opera η όπερα *ee opera*

operator *(telephone)* η τηλεφωνήτρια *ee teelefoneetreea*

opposite απέναντι *apenandee*

or ή *ee*

orange *(fruit)* το πορτοκάλι *to portokalee*
  (colour) πορτοκαλί *portokalee*

orange juice ο χυμός πορτοκαλιού *o kheemos portokaleeoo*

orchard το περιβόλι *to pereevolee*

order παραγγέλλω *parangelo*

organize οργανώνω *orghanono*

original αρχικός *arkheekos*

Orthodox *(religion)* ορθόδοξος *orthodhoksos*

other άλλος *alos*

out *(light, etc.)* σβησμένος *sveesmenos*
  he's out λείπει *leepee*
outdoors στην ύπαιθρο *steen eepethro*
outside έξω *ekso*
outskirts τα περίχωρα *ta pereekhora*
oven ο φούρνος *o foornos*
over πάνω από *pano apo*
  over there εκεί πέρα *ekee pera*
overcharge παίρνω παραπάνω *perno parapano*
owe: you owe me μου χρωστάς *moo khrostas*
owner ο ιδιοκτήτης *o eedheeokteetees*
oxygen το οξυγόνο *to okseeghono*
oyster το στρείδι *to streedhee*

pack πακετάρω *paketaro*
package το δέμα *to dhema*
package tour η οργανωμένη εκδρομή *ee orghanomenee ekdhromee*
packet το πακέτο *to paketo*
paddling pool η λιμνούλα για παιδιά *ee leemnoola ya pedheea*
padlock το λουκέτο *to looketo*
paid πληρωμένος *pleeromenos*
painful οδυνηρός *odheeneeros*
painkiller το παυσίπονο *to pafseepono*
painting ο πίνακας *o peenakas*
pair το ζευγάρι *to zevgharee*
palace το παλάτι *to palatee*
pale χλωμός *khlomos*
pan η κατσαρόλα *ee katsarola*
pancake η τηγανίτα *ee teeghaneeta*

panties η κιλότα *ee keelota*

pants το σώβρακο *to sovrako*

paper το χαρτί *to khartee*

paraffin η παραφίνη *ee parafeenee*

parcel το δέμα *to dhema*

pardon παρακαλώ *parakalo*
 I beg your pardon με συγχωρείτε *me seenkhoreete*

parent ο γονιός *o ghoneeos*

park n το πάρκο *to parko*

park vb (in car) παρκάρω *parkaro*

parsley ο μαϊντανός *o maeendanos*

part το μέρος *to meros*

Parthenon ο Παρθενώνας *o parthenonas*

party (group) η ομάδα *ee omadha*
 (celebration) το πάρτι *to party*

passenger ο επιβάτης *o epeevatees*

passport το διαβατήριο *to dheeavateereeo*

passport control ο έλεγχος διαβατηρίων *o elenkhos dheeavateereeon*

pasta τα μακαρόνια *ta makaroneea*

pastry η ζύμη *ee zeemee*
 (cake) το γλύκισμα *to ghleekeesma*

pâté το πατέ *to pate*

path το μονοπάτι *to monopatee*

pavement το πεζοδρόμιο *to pezodhromeeo*

pay πληρώνω *pleerono*

payment η πληρωμή *ee pleeromee*

peach το ροδάκινο *to rodhakeeno*

peak rate οι τιμές αιχμής *ee teemes ekhmees*

peanut το φιστίκι *to feesteekee*

pear το αχλάδι *to akhladhee*

peas ο αρακάς *o arakas*

pebble το πετραδάκι *to petradhakee*

pedestrian *(person)* ο / η πεζός *o / ee pezos*

pedestrian crossing η διασταύρωση πεζών *ee dheeastavrosee pezon*

peel ξεφλουδίζω *ksefloodheezo*

peg *(for tent)* ο πάσσαλος *o pasalos*
  (for clothes) το μανταλάκι *to mandalakee*

pen η πένα *ee pena*

pencil το μολύβι *to moleevee*

penicillin η πενικιλλίνη *ee peneekeeleenee*

penknife ο σουγιάς *o sooyas*

pensioner ο / η συνταξιούχος *o / ee seendakseeookhos*

pepper *(vegetable or spice)* το πιπέρι *to peeperee*

per: per hour την ώρα *teen ora*

perfect τέλειος *teleeos*

performance η παράσταση *ee parastasee*

perfume το άρωμα *to aroma*

perhaps ίσως *eesos*

period *(menstruation)* η περίοδος *ee pereeodhos*

perm η περμανάντ *ee permanand*

permit *vb* άδεια *adheea*

person το πρόσωπο *to prosopo*

personal stereo το προσωπικό στερεοφωνικό *to prosopeeko stereofoneeko*

pet το ζώο *to zo-o*

petrol η βενζίνη *ee venzeenee*

petrol station το βενζινάδικο *to venzeenadeeko* // το πρατήριο βενζίνης *to prateereeo venzeenees*

phone *see* **telephone**

phonecard η τηλεκάρτα *ee teelekarta*

photocopy η φωτοτυπία *ee fototeepeea*

photograph η φωτογραφία *ee fotoghrafeea*

phrase book το βιβλιαράκι φράσεων to veevleearakee fraseon

picnic το πικνίκ to picnic

picture η εικόνα ee eekona

pie η πίτα ee peeta

piece το κομμάτι to komatee

pier η αποβάθρα ee apovathra

pill το χάπι to khapee

pillow το μαξιλάρι to makseelaree

pillowcase η μαξιλαροθήκη ee makseelarotheekee

pin η καρφίτσα ee karfeetsa

pine το πεύκο to pefko

pineapple ο ανανάς o ananas

pink ροζ roz

pint = approx. 0.5 litre

pipe η πίπα ee peepa

pistachio nut το φιστίκι Αιγίνης to feesteekee eyeenees

plaster (for cut) ο λευκοπλάστης o lefkoplastees (for broken limb) ο γύψος o yeepsos

plastic πλαστικός plasteekos

plate το πιάτο to peeato

platform η αποβάθρα ee apovathra

play παίζω pezo

playroom το δωμάτιο των παιδιών to dhomateeo ton pedheeon

please παρακαλώ parakalo

pleased ευχαριστημένος efhareesteemenos

pliers η πένσα ee pensa

plug (electric) η πρίζα ee preeza

plum το δαμάσκηνο to dhamaskeeno

plumber ο υδραυλικός o eedhravleekos

points (in car) οι πλατίνες ee plateenes

poisonous δηλητηριώδης *dheeleeteereeodhees*

police η αστυνομία *ee asteenomeea*

policeman ο αστυνομικός *o asteenomeekos*

police station το αστυνομικό τμήμα *to asteenomeeko tmeema*

polish *(for shoes)* το βερνίκι *to verneekee*

polluted μολυσμένος *moleesmenos*

pollution η ρύπανση *ee reepansee*

pony trekking η ιππασία *ee eepaseea*

pool *(for swimming)* η πισίνα *ee peeseena*

popular δημοφιλής *dheemofeelees*
(fashionable) κοσμικός *kosmeekos*

pork το χοιρινό *to kheereeno*

port *(harbour)* το λιμάνι *to leemanee*

porter ο αχθοφόρος *o akhthoforos*

possible δυνατός *dheenatos*

post *(letter)* ταχυδρομώ *takheedhromo*

postbox το ταχυδρομικό κουτί *to takheedhromeeko kootee*

postcard η καρτ ποστάλ *ee kartpostal*

postcode ο κωδικός *o kodheekos*

post office το ταχυδρομείο *to takheedhromeeo*

pot η κατσαρόλα *ee katsarola*

potato η πατάτα *ee patata*

pottery η κεραμική *ee kerameekee*

pound *(money)* η λίρα *ee leera*

powdered milk το γάλα σε σκόνη *to ghala se skonee*

pram το καροτσάκι *to karotsakee*

prawn η γαρίδα *ee ghareedha*

prefer προτιμώ *proteemo*

pregnant έγγυος *engeeos*

prepare ετοιμάζω *eteemazo*

prescription η συνταγή *ee seendayee*

present *(gift)* το δώρο *to dhoro*

pretty ωραίος *oreos*

price η τιμή *ee teemee*

price list ο τιμοκατάλογος *o teemokataloghos*

priest ο παπάς *o papas*

prince ο πρίγκηπας *o preengeepas*

princess η πριγκίπισσα *ee preengeepeesa*

private ιδιωτικός *eedheeoteekos*

prize το βραβείο *to vraveeo*

probably πιθανώς *peethanos*

problem το πρόβλημα *to provleema*

programme το πρόγραμμα *to proghrama*

prohibited απαγορευμένος *apaghorevmenos*

pronounce προφέρω *profero*
  how do you pronounce this? πώς το προφέρετε; *pos to proferete*

Protestant διαμαρτυρόμενος *dheeamarteeromenos*

prune το δαμάσκηνο *to dhamaskeeno*

public δημόσιος *dheemoseeos*

public holiday η γιορτή *ee yortee*

pudding η πουτίγκα *ee pooteenga*

pull τραβώ *travo*

pullover το πουλόβερ *to poolover*

puncture το τρύπημα *to treepeema*

purple πορφυρός *porfeeros*

purse το τσαντάκι *to tsandakee*

push σπρώχνω *sprokhno*

push chair το καροτσάκι (μωρού) *to karotsakee (moroo)*

put βάζω *vazo*
  to put down βάζω κάτω *vazo kato*

pyjamas οι πιτζάμες *ee peezames*

quality η ποιότητα *ee peeoteeta*
quay η προκυμαία *ee prokeemea*
queen η βασίλισσα *ee vaseeleesa*
question n η ερώτηση *ee eroteesee*
queue η ουρά *ee oora*
quick γρήγορος *ghreeghoros*
quickly γρήγορα *ghreeghora*
quiet ήσυχος *eeseekhos*
quilt *(duvet)* το πάπλωμα *to paploma*

rabbit το κουνέλι *to koonelee*
rabies η λύσσα *ee leesa*
racket η ρακέτα *ee raketa*
radiator το καλοριφέρ *to kaloreefer*
radio το ραδιόφωνο *to radheeofono*
radish το ραπανάκι *to rapanakee*
railway station ο σιδηροδρομικός σταθμός *o seedheerodhromeekos stathmos*
rain η βροχή *ee vrokhee*
raincoat το αδιάβροχο *to adheeavrokho*
raining: *it's raining* βρέχει *vrekhee*
raisin η σταφίδα *ee stafeedha*
rare σπάνιος *spaneeos*
  (steak) μισοψημένος *meesopseemenos*
rash *(skin)* το εξάνθημα *to eksantheema*
raspberries τα βατόμουρα *ta vatomoora*
rat ο αρουραίος *o arooreos*
rate ο ρυθμός *o reethmos*
  rate of exchange η τιμή του συναλλάγματος *ee teemee too seenalaghmatos*
raw ωμός *omos*

razor το ξυράφι *to kseerafee*
razor blades οι λεπίδες *ee lepeedhes*
read vb διαβάζω *dheeavazo*
ready έτοιμος *eteemos*
real πραγματικός *praghmateekos*
reason ο λόγος *o loghos*
receipt η απόδειξη *ee apodheeksee*
recently τελευταία *teleftea*
reception (desk) η ρεσεψιόν *ee resepseeon*
recipe η συνταγή *ee seendayee*
recommend συνιστώ *seeneesto*
record (music, etc.) ο δίσκος *o dheeskos*
red κόκκινος *kokeenos*
reduction η έκπτωση *ee ekptosee*
refill το ανταλλακτικό *to andalakteeko*
refund η επιστροφή χρημάτων *ee epeestrofee khreematon*
registered (letter) συστημένο *seesteemeno*
regulations οι κανονισμοί *ee kanoneesmee*
reimburse αποζημιώνω *apozeemeeono*
relations (family) οι συγγενείς *ee seengenees*
relax ξεκουράζομαι *ksekoorazome*
reliable (person) αξιόπιστος *akseeopeestos*
 (car, method) δοκιμασμένος *dhokeemasmenos*
remain απομένω *apomeno*
remember θυμάμαι *theemame*
rent νοικιάζω *neekeeazo*
rental το νοίκι *to neekee*
repair επιδιορθώνω *epeedheeorthono*
repeat επαναλαμβάνω *epanalamvano*
reservation το κλείσιμο *to kleeseemo*
reserve κρατώ *krato*
reserved κρατημένος *krateemenos*

157

rest n ξεκούραση *ksekoorasee*
  the rest οι υπόλοιποι *ee eepoleepee*
rest vb ξεκουράζομαι *ksekoorazome*
restaurant το εστιατόριο *to esteeatoreeo*
restaurant car το βαγόνι ρεστωράν *to vaghonee restoran*
retire βγαίνω στη σύνταξη *vgheno stee seentaksee*
retired συνταξιούχος *seentakseeookhos*
return (go back, give back) επιστρέφω *epeestrefo*
return ticket το εισιτήριο με επιστροφή *to eeseeteereeo me epeestrofee*
reverse-charge call κλήση πληρωτέα από τον παραλήπτη *kleesee pleerotea apo ton paraleeptee*
rheumatism οι ρευματισμοί *ee revmateesmee*
rice το ρύζι *to reezee*
rich (person, food) πλούσιος *plooseeos*
riding (equestrian) η ιππασία *ee eepaseea*
right (correct, accurate) σωστός *sostos*
  (on / to the) right δεξιά *dhekseea*
ring το δαχτυλίδι *to dhakhteeleedhee*
ripe ώριμος *oreemos*
river το ποτάμι *to potamee*
road ο δρόμος *o dhromos*
road map ο οδικός χάρτης *o odheekos khartees*
roast το ψητό *to pseeto*
rob ληστεύω *leestevo*
roll (of bread) το ψωμάκι *to psomakee*
roof η στέγη *ee steyee*
roof rack η σχάρα *ee skhara*
room (in house, etc.) το δωμάτιο *to dhomateeo*
  (space) ο χώρος *o khoros*
room service η υπηρεσία δωματίου *ee eepereseea dhomateeoo*

rope το σχοινί *to skheenee*

rosé ροζέ *rose*

rotten *(fruit)* χαλασμένος *khalasmenos*

rough *(sea)* τρικυμισμένη *treekeemeesmenee*

round *(shape)* στρογγυλός *strongeelos*
  round the house / Greece γύρω στο σπίτι / στην Ελλάδα *yeero sto speetee / steen eladha*
  round the corner στη γωνία *stee ghoneea*

roundabout ο κυκλικός κόμβος *o keekleekos komvos*

route ο δρόμος *o dhromos*

row *(boat)* κοπηλατώ *kopeelato*

rowing boat βάρκα με κουπιά *varka me koopeea*

royal βασιλικός *vaseeleekos*

rubber το λάστιχο *to lasteekho*

rubber band το λαστιχάκι *to lasteekhakee*

rubbish τα σκουπίδια *ta skoopeedheea*

rucksack το σακίδιο *to sakeedheeo*

ruins τα ερείπια *ta ereepeea*

rum το ρούμι *to roomee*

run *(skiing)* η διαδρομή του σκι *ee dheeadhromee too skee*

rush hour η ώρα αιχμής *ee ora ekhmees*

rusty σκουριασμένος *skooreeasmenos*

sad λυπημένος *leepeemenos*

safe *adj (medicine)* αβλαβής *avlavees*
  (beach) ακίνδυνος *akeendheenos*

safe *n* το χρηματοκιβώτιο *to khreematokeevoteeo*

safety pin η παραμάνα *ee paramana*

sailing η ιστιοπλοία *ee eesteeoploeea*

salad η σαλάτα *ee salata*

salad dressing το λαδολέμονο *to ladholemono*

sale (in shop) το ξεπούλημα to ksepooleema

salmon ο σολομός o solomos

salt το αλάτι to alatee

same ίδιος eedheeos

sand η άμμος ee amos

sandals τα πέδιλα ta pedheela

sandwich το σάντουιτς to sandwich

sanitary towel η σερβιέτα ee servee-eta

sardine η σαρδέλα ee sardhela

sauce η σάλτσα ee saltsa

saucepan η κατσαρόλα ee katsarola

saucer το πιατάκι to peeatakee

sauna η σάουνα ee saoona

sausage το λουκάνικο to lookaneeko

savoury πικάντικος peekandeekos

say λέω leo

scallop το χτένι to khtenee

scarf (long) το κασκόλ to kaskol
(square) το μαντήλι to mandeelee

school το σχολείο to skholeeo
(for 12-15 yearolds) το γυμνάσιο to yeemnaseeo
(for 15-18 yearolds) το λύκειο to leekeeo

scissors το ψαλίδι to psaleedhee

Scotland η Σκοτία ee skoteea

Scottish (person) ο Σκοτσέζος / η Σκοτσέζα o skotsezos / ee skotseza

screw η βίδα ee veedha

screwdriver το κατσαβίδι to katsaveedhee

sculpture το γλυπτό to ghleepto

sea η θάλασσα ee thalasa

seafood τα θαλασσινά ta thalaseena

seasickness η ναυτία ee nafteea

seaside η θάλασσα *ee thalasa* // η παραλία *ee paraleea*

season ticket το διαρκές εισιτήριο *to dheearkhes eeseeteereeo*

seat *(in theatre)* η θέση *ee thesee*
(in car, etc.) το κάθισμα *to katheesma*

second δεύτερος *dhefteros*

second class *(ticket, etc.)* δεύτερη θέση *dhefteree thesee*

second-hand μεταχειρισμένος *metakheereesmenos*

see βλέπω *vlepo*

self-service η αυτοεξυπηρέτηση *to aftoekseepeereeteesee*

sell πουλώ *poolo*

Sellotape ® το σελοτέιπ *to selote-eep*

send στέλνω *stelno*

separate χωριστός *khoreestos*

serious σοβαρός *sovaros*

serve σερβίρω *serveero*

service *(in restaurant, etc.)* η εξυπηρέτηση *ee ekseepeereeteesee*

service charge το ποσοστό υπηρεσίας *to pososto eepeereeseeas*

set menu το καθορισμένο μενού *to kathoreesmeno menoo*

several διάφοροι *dheeaforee*

sew ράβω *ravo*

shade η σκιά *ee skeea*

shallow ρηχός *reekhos*

shampoo το σαμπουάν *to sambooan*

shampoo and set λούσιμο και στέγνωμα *looseemo ke steghnoma*

share μοιράζω *meerazo*

shave ξυρίζομαι *kseereezome*

shaving cream η κρέμα ξυρίσματος *ee krema kseereesmatos*

shawl το σάλι *to salee*

she αυτή *aftee*

sheep το πρόβατο *to provato*

sheet το σεντόνι *to sendonee*

shellfish τα όστρακα *ta ostraka*

ship το πλοίο *to pleeo*

shirt το πουκάμισο *to pookameeso*

shock absorber το αμορτισέρ *to amorteeser*

shoe το παπούτσι *to papootsee*

shop το μαγαζί *to maghazee*

shop assistant *(woman)* η πωλήτρια *ee poleetreea*
(man) ο πωλητής *o poleetees*

shopping τα ψώνια *ta psoneea*
to go shopping ψωνίζω *psoneezo*

short κοντός *kondos*

short cut ο συντομότερος δρόμος *o seendomoteros dhromos*

shorts τα σορτς *ta shorts*

show n *(in theatre, etc.)* η παράσταση *ee parastasee*

show vb δείχνω *dheekhno*

shower *(in bath)* το ντους *to doos*
(rain) η μπόρα *ee bora*

shrimp η γαρίδα *ee ghareedha*

shut adj *(closed)* κλειστός *kleestos*

shut vb κλείνω *kleeno*

shutters τα παντζούρια *ta pantzooreea*

sick *(ill)* άρρωστος *arostos*
to be sick *(vomit)* κάνω εμετό *kano emeto*

sightseeing: to go sightseeing επισκέπτομαι τα αξιοθέατα *epeeskeptome ta akseeotheata*

sign *(roadsign, notice, etc.)* η πινακίδα *ee peenakeedha*

signature η υπογραφή *ee eepoghrafee*

silk το μετάξι *to metaksee*

silver ασημένιος *aseemeneeos*

similar παρόμοιος *paromeees*

simple απλός *aplos*

sing τραγουδώ *traghoodho*

single *(not married)* ελεύθερος *eleftheros*
(not double) μονός *monos*

single bed το μονό κρεβάτι *to mono krevatee*

single room το μονόκλινο δωμάτιο *to monokleeno dhomateeo*

sink ο νεροχύτης *o nerokheetees*

sir κύριε *keeree-e*

sister η αδελφή *ee adhelfee*

sit *(down)* κάθομαι *kathome*

size *(of clothes, shoes)* το μέγεθος *to meyethos*

skate *(sportswear)* το πατίνι *to pateenee*

skating το πατινάζ *to pateenaz*

ski *n* το σκι *to skee*

ski *vb* κάνω σκι *kano skee*

ski jacket το σακκάκι του σκι *to sakhakee too skee*

ski pants το παντελόνι του σκι *to pandelonee too skee*

ski pole το ραβδί του σκι *to ravdhee too skee*

ski run η διαδρομή του σκι *ee dheeadhromee too skee*

ski suit τα ρούχα του σκι *ta rookha too skee*

skimmed milk το αποβουτυρωμένο γάλα *to aponvootee-romeno ghala*

skin το δέρμα *to dherma*

skin diving το υποβρύχιο κολύμπι *to eepovreekheeo koleempee*

skirt η φούστα *ee foosta*

sky ο ουρανός *o ooranos*

sleep κοιμούμαι *keemoome*

sleeper το βαγκόν-λι *to vagon-lee*

sleeping bag το υπνόσακος *o eepnosakos*

sleeping pill το υπνωτικό χάπι *to eepnoteeko khapee*

slice η φέτα *ee feta*

slide (photography) το σλάιντ *to slide*

slipper η παντόφλα *ee pandofla*

slippery γλιστερός *ghleesteros*

slow σιγά *seegha*

small μικρός *meekros*

smaller (than) μικρότερος (από) *meekroteros (apo)*

smell η μυρωδιά *ee meerodheea*

smile n το χαμόγελο *to khamoghelo*

smile vb χαμογελώ *khamoghelo*

smoke n ο καπνός *o kapnos*

smoke vb καπνίζω *kapneezo*

smoked καπνιστός *kapneestos*

snack bar το σνακ μπαρ *to snackbar*

snake το φίδι *to feedee*

snorkel ο αναπνευστήρας *o anapnevsteeras*

snow το χιόνι *to kheeonee*

snowed up αποκλεισμένος από το χιόνι *apokleesmenos apo to kheeonee*

snowing: its snowing χιονίζει *kheeoneezee*

so γι'αυτό *yafto*
  so much τόσο πολύ *toso polee*
  so pretty τόσο ωραίος *toso oreos*
  so that για να *ya na*

soap το σαπούνι *to sapoonee*

soap powder το απορρηπαντικό *to aporeepandeeko*

sober ξεμέθυστος *ksemetheestos*

sock η κάλτσα *ee kaltsa*

socket (electrical) η πρίζα *ee preeza*

soda *(water)* η σόδα *ee sodha*

soft μαλακός *malakos*

soft drink το αναψυκτικό *to anapseekteeko*

some μερικοί *mereekee*

someone κάποιος *kapeeos*

something κάτι *katee*

sometimes κάποτε *kapote*

son ο γιος *o yos*

song το τραγούδι *to traghoodhee*

soon σύντομα *seendoma*
  as soon as possible το συντομότερο *to seendomotero*
  sooner νωρίτερα *noreetera*

sore: it's sore πονάει *ponaee*

sorry: I'm sorry *(apology)* συγγνώμη *seeghnomee*
  (regret) λυπούμαι *leepoome*

sort το είδος *to eedhos*

soup η σούπα *ee soopa*

south ο νότος *o notos*

souvenir το σουβενίρ *to sooveneer*

space το διάστημα *to dheeasteema*
  (room) ο χώρος *o khoros*

spanner το κλειδί *to kleedhee*

spare wheel η ρεζέρβα *ee rezerva*

spark plug το μπουζί *to boozee*

sparkling *(wine)* αφρώδης *afrodhees*

speak μιλώ *meelo*

special ειδικός *eedheekos*

speciality *(in restaurant)* σπεσιαλιτέ *speseealeete*

speed η ταχύτητα *ee takheeteeta*

speed limit το όριο ταχύτητας *to oreeo takheeteetas*

spell γράφω *ghrafo*
  how do you spell it? πώς γράφεται; *pos ghrafete*

spicy αρωματισμένος *aromateesmenos*
spinach το σπανάκι *to spanakee*
spirits τα οινοπνευματώδη ποτά *ta eenopnevmatodhee pota*
sponge το σφουγγάρι *to sfoongaree*
spoon το κουτάλι *to kootalee*
sport το σπορ *to spor*
spring (season) η άνοιξη *ee aneeksee*
square (in town) η πλατεία *ee plateea*
squash (sport) το σκουός *to skoo-os*
  orange squash η πορτοκαλάδα *ee portokaladha*
  lemon squash η λεμονάδα *ee lemonadha*
squid το καλαμάρι *to kalamaree*
stadium το στάδιο *to stadheeo*
stairs η σκάλα *ee skala*
stalls (in theatre) η πλατεία *ee plateea*
stamp το γραμματόσημο *to ghramatoseemo*
star (in sky) το άστρο *to astro*
  (film star) ο αστέρας *o asteras*
start αρχίζω *arkheezo*
starter (in meal) το ορεκτικό *to orekteeko*
station ο σταθμός *o stathmos*
stationer's το χαρτοπωλείο *to khartopoleeo*
stay μένω *meno*
steak το μπιφτέκι *to beeftekee*
steep ανηφορικός *aneeforeekos*
  is it steep? είναι ανηφορικός; *eene aneeforeekos*
sterling η αγγλική λίρα *ee angleekee leera*
stew (το) κρέας με χορταρικά στην κατσαρόλα *(to) kreas me khortareeka steen katsarola*
steward (on a ship) ο καμαρότος *o kamarotos*
  (on plane) ο αεροσυνοδός *o aeroseenodhos*
stewardess (on plane) η αεροσυνοδός *ee aeroseenodhos*

sticking plaster ο λευκοπλάστης *o lefkoplastees*

still *(yet)* ακόμα *akoma*
  (immobile) ακίνητος *akeeneetos*
  (water) μη αεριούχο (νερό) *mee aeree-ookho (nero)*

sting το κέντρισμα *to kendreesma*

stockings οι κάλτσες *ee kaltses*

stomach το στομάχι *to stomakhee*

stomach upset η στομαχική διαταραχή *ee stomakheekee dheeatarakhee*

stop σταματώ *stamato*

stopover *(in air travel)* ο σταθμός *o stathmos*

storm η καταιγίδα *ee kateyeedha*

straight: *straight on* ευθεία *eftheea*

straw *(for drinking)* το καλαμάκι *to kalamakee*

strawberry η φράουλα *ee fraoola*

street ο δρόμος *o dhromos*

street plan ο οδικός χάρτης *o odheekos khartees*

string ο σπάγγος *o spangos*

striped ριγωτός *reeghotos*

strong δυνατός *dheenatos*

stuck *(jammed)* κολλημένος *koleemenos*

student ο φοιτητής / η φοιτήτρια *o feeteetees / ee feeteetreea*

stung: *I've been stung by something* κάτι με τσίμπησε *katee me tseembeese*

stupid ανόητος *anoeetos*

suddenly ξαφνικά *ksafneeka*

suede το καστόρι *to kastoree*

sugar η ζάχαρη *ee zakharee*

suit *(man's)* το κοστούμι *to kostoomee*
  (woman's) το ταγιέρ *to tayer*

suitcase η βαλίτσα *ee valeetsa*

summer το καλοκαίρι *to kalokeree*

sun ο ήλιος *o eeleeos*

sunbathe κάνω ηλιοθεραπεία *kano eeleeotherapeea*

sunbloc το αντιηλιακό *to antee-eeleeako*

sunburn *(painful)* το κάψιμο από τον ήλιο *to kapseemo apo ton eeleeo*

sunglasses τα γιαλιά του ήλιου *ta yalea too eeleeoo*

sunny *(weather)* ηλιόλουστος *eeleeoloostos*

sunrise η ανατολή *ee anatolee*

sunset η δύση *ee dheesee*

sunshade η ομπρέλα *ee ombrela*

sunstroke η ηλίαση *ee eeleeasee*

suntan lotion το λάδι για τον ήλιο *to ladhee ya ton eeleeo*

supermarket το σούπερ μάρκετ *to supermarket*

supper το δείπνο *to dheepno*

supplement το συμπλήρωμα *to seembleeroma*

surcharge η επιβάρυνση *ee epeevareensee*

sure βέβαιος *veveos*

surfboard η σανίδα σέρφινγκ *ee saneedha surfing*

surfing το σέρφινγκ *to surfing*

surname το επώνυμο *to eponeemo*

surrounded by τριγυρισμένος από *treegheereesmenos apo*

suspension η ανάρτηση *ee anarteesee*

sweater το πουλόβερ *to poolover*

sweet *adj (taste)* γλυκός *ghleekos*

sweet *n* το γλυκό *to ghleeko*

sweets οι καραμέλες *ee karameles*

sweetener η ζαχαρίνη *ee zakhareenee*

swim κολυμπώ *koleembo*

swimming pool η πισίνα *ee peeseena*

swimsuit το μαγιό *to mayo*

swing *(for children)* η κούνια *ee kooneea*

switch ο διακόπτης *o dheeakoptees*
switch on ανάβω *anavo*
switch off σβήνω *sveeno*
swollen (ankle, etc.) πρησμένος *preesmenos*
synagogue η συναγωγή *ee seenaghoyee*

table το τραπέζι *to trapezee*
tablecloth το τραπεζομάντηλο *to trapezomandeelo*
tablespoon το κουτάλι *to kootalee*
tablet το χάπι *to khapee*
table tennis το πινγκ πονγκ *to ping pong*
take παίρνω *perno*
take out βγάζω *vghazo*
  (take out from bank account) αποσύρω *aposeero*
talc το ταλκ *to talc*
talk μιλώ *meelo*
tall ψηλός *pseelos*
tame (animal) ήμερος *eemeros*
tampons τα ταμπόν *ta tambon*
tap η βρύση *ee vreesee*
tape η ταινία *ee teneea*
tape recorder το μαγνητόφωνο *to maghneetofono*
taste vb δοκιμάζω *dhokeemazo*
taste n η γεύση *ee yefsee*
tax ο φόρος *o foros*
taxi το ταξί *to taksee*
taxi rank η πιάτσα *ee peeatsa*
tea το τσάι *to tsaee*
tea bag το φακελλάκι τσαγιού *to fakelakee tsayoo*
teach διδάσκω *dheedhasko*
teacher ο δάσκαλος / η δασκάλα *o dhaskalos / ee dhaskala*

teapot η τσαγιέρα *ee tsayera*

tear *(in eye)* το δάκρυ *to dhakree*
(in material) το σχίσιμο *to skheeseemo*

teaspoon το κουταλάκι *to kootalakee*

teat η ρώγα *ee rogha*

teeshirt το μπλουζάκι *to bloozakee*

teeth τα δόντια *ta dhondeea*

telegram το τηλεγράφημα *to teeleghrafeema*

telephone το τηλέφωνο *to teelefono*

telephone box ο τηλεφωνικός θάλαμος *o teelefoneekos thalamos*

telephone call το τηλεφώνημα *to teelefoneema*

telephone directory ο τηλεφωνικός κατάλογος *o teelefoneekos kataloghos*

television η τηλεόραση *ee teeleorasee*

telex το τέλεξ *to telex*

tell λέγω *legho*
(story) διηγούμαι *dhee-eeghoome*

temperature η θερμοκρασία *ee thermokraseea*
to have a temperature έχω πυρετό *ekho peereto*

temple ο ναός *o naos*

temporary προσωρινός *prosoreenos*

tennis το τένις *to tenees*

tennis ball η μπάλα του τένις *ee bala too tenees*

tennis court το γήπεδο του τένις *to yeepedho too tenees*

tennis racket η ρακέτα του τένις *ee raketa too tenees*

tent η σκηνή *ee skeenee*

tent peg ο πάσσαλος της σκηνής *o pasalos tees skeenees*

terminus το τέρμα *to terma*

terrace η ταράτσα *ee taratsa*

than από *apo*

thank you ευχαριστώ *efkhareesto*

that εκείνος *ekeenos*
  that book εκείνο το βιβλίο *ekeeno to veevleeo*
  that one εκείνο *ekeeno*

thaw: *it's thawing* λιώνει *leeonee*

theatre το θέατρο *to theatro*

then τότε *tote*

there εκεί *ekee*
  there is υπάρχει *eeparkhee*
  there are υπάρχουν *eeparkhoon*

thermometer το θερμόμετρο *to thermometro*

these αυτοί / αυτές / αυτά *aftee* (masc.) / *aftes* (fem.) / *afta* (neut.)
  these books αυτά τα βιβλία *afta ta veevleea*

they see GRAMMAR

thick χοντρός *khontros*

thief ο κλέφτης *o kleftees*

thigh ο μηρός *o meeros*

thin λεπτός *leptos*

thing το πράγμα *to praghma*

third τρίτος *treetos*

thirsty: *I'm thirsty* διψώ *dheepso*

this αυτός / αυτή / αυτό *aftos* (masc.) / *aftee* (fem.) / *afto* (neut.)
  this book αυτό το βιβλίο *afto to veevleeo*
  this one αυτό *afto*

those εκείνοι *ekeenee*
  those books εκείνα τα βιβλία *ekeena ta veevleea*

thread η κλωστή *ee klostee*

throat ο λαιμός *o lemos*

throat lozenges οι παστίλιες του λαιμού *ee pasteelee-es too lemoo*

through διαμέσου *dheeamesoo*

thunder η βροντή *ee vrontee*

thunderstorm η θύελλα *ee th__ee__-ela*

ticket το εισιτήριο *to eeseet__ee__reeo*

ticket collector ο ελεγκτής *o elengt__ee__s*

ticket office η θυρίδα *ee theer__ee__dha*

tie η γραβάτα *ee ghrav__a__ta*

tight σφιχτός *sfeekht__o__s*

tights το καλσόν *to kals__o__n*

till n το ταμείο *to tam__ee__o*

till *(until)* μέχρι *mekhree*

time *(by the clock)* η ώρα *ee __o__ra*
  what time is it? τι ώρα είναι; *tee __o__ra __ee__ne*

timetable τα δρομολόγια *ta dhromol__o__yeea*

tin η κονσέρβα *ee kons__e__rva*

tinfoil το ασημόχαρτο *to aseem__o__kharto*

tin-opener το ανοιχτήρι για κονσέρβες *to aneekht__ee__ree ya konserves*

tip *(to waiter, etc.)* το πουρμπουάρ *to poorboo__a__r*

tipped *(cigarettes)* με φίλτρο *me f__ee__ltro*

tired κουρασμένος *koorasm__e__nos*

tissue το χαρτομάντηλο *to khartom__a__ndeelo*

to σε *(στο / στη / στο)* *se (sto [masc.] /stee [fem.] /sto [neut.])*
  to Greece στην Ελλάδα *steen el__a__dha*

toast η φρυγανιά *ee freeghan__ee__a*

tobacco ο καπνός *o kapn__o__s*

tobacconists το καπνοπωλείο *to kapnopol__ee__o*

today σήμερα *s__ee__mera*

together μαζί *maz__ee__*

toilet η τουαλέτα *ee tooal__e__ta*

toilet paper το χαρτί υγείας *to khart__ee__ eey__ee__as*

toll τα διόδια *ta dhee__o__dheea*

tomato η ντομάτα *ee dom__a__ta*

tomato juice ο χυμός ντομάτας *o kheem__o__s dom__a__tas*

tomorrow αύριο *avreeo*

tongue η γλώσσα *ee ghlosa*

tonic water το τόνικ *to toneek*

tonight απόψε *apopse*

too (also) επίσης *epeesees*
(too much) πολύ *polee*

tooth το δόντι *to dhondee*

toothache ο πονόδοντος *o ponodhondos*

toothbrush το οδοντόβουρτσα *to odhontovoortsa*

toothpaste η οδοντόκρεμα *ee odhondokrema*

top το πάνω μέρος *to pano meros*
(of mountain) η κορυφή *ee koreefee*

torch ο φακός *o fakos*

torn σχισμένος *skheesmenos*

total το σύνολο *to seenolo*

tough (of meat) σκληρός *skleeros*

tour η περιοδεία *ee pereeodheea*

tourist ο τουρίστας / η τουρίστρια *o tooreestas / ee tooreestreea*

tourist office το τουριστικό γραφείο *to tooreesteeko ghrafeeo*

tourist ticket το τουριστικό εισιτήριο *to tooreesteeko eeseeteereeo*

tow ρυμουλκώ *reemoolko*

towel η πετσέτα *ee petseta*

tower ο πύργος *o peerghos*

town η πόλη *ee polee*

town centre το κέντρο της πόλης *to kendro tees polees*

town hall το δημαρχείο *to dheemarkheeo*

town plan ο χάρτης της πόλης *o khartees tees polees*

towrope το σχοινί ρυμούλκησης *to skheenee reemoolkeesees*

toy το παιγνίδι *to peghneedhee*

traditional παραδοσιακός *paradhoseeakos*

traffic η κυκλοφορία *ee keekloforeea*

traffic lights τα φανάρια της τροχαίας *ta fanareea tees trokheas*

trailer το τρέϊλερ *to trailer*

train το τρένο *to treno*

training shoes παπούτσια γυμναστικής *papootseea gheemnasteekees*

tram το τραμ *to tram*

translate μεταφράζω *metafrazo*

translation η μετάφραση *ee metafrasee*

travel ταξιδεύω *takseedhevo*

travel agent ο ταξιδιωτικός πράκτορας *o takseedhee-oteekos praktoras*

travellers cheque το τράβελερς τσεκ *to traveller's cheque*

tray ο δίσκος *o dheeskos*

tree το δέντρο *to dhendro*

trim n (hair) το κόψιμο *to kopseemo*

trip η εκδρομή *ee ekdhromee*

trolley bus το τρόλεϋ *to trole-ee*

trouble ο μπελάς *o belas*

trousers το παντελόνι *to pandelonee*

trout η πέστροφα *ee pestrofa*

true αληθινός *aleetheenos*

trunk το μπαούλο *to baoolo*

trunks το μαγιό *to mayo*

try προσπαθώ *prospatho*

try on δοκιμάζω *dhokeemazo*

T-shirt το μπλουζάκι *to bloozakee*

tuna ο τόνος *o tonos*

tunnel η σήραγγα *ee seeranga*

turkey η γαλοπούλα *ee ghalopoola*

turn n η σειρά *ee seera*

turn vb γυρίζω *yeereezo*

turnip η ρέβα *ee reva*

turn off (on a journey) στρίβω *streevo*
  (radio, etc.) κλείνω *kleeno*
  (engine, light) σβήνω *sveeno*

turn on (radio, etc.) ανοίγω *aneegho*
  (engine, light) ανάβω *anavo*

TV η τηλεόραση *ee teeleorasee*

tweezers το τσιμπίδι *to tseembeedhee*

twice δυο φορές *dheeo fores*

twin ο δίδυμος *o dheedheemos*

twin-bedded το δίκλινο δωμάτιο *to dheekleeno
dhomateeo*

type vb δακτυλογραφώ *dhakteeloghrafo*

typical τυπικός *teepeekos*

tyre το λάστιχο *to lasteekho*

tyre pressure η πίεση στα λάστιχα *ee pee-esee sta
lasteekha*

ugly άσχημος *askheemos*

umbrella η ομπρέλα *ee ombrela*

uncle ο θείος *o theeos*

uncomfortable άβολος *avolos*

unconscious αναίσθητος *anestheetos*

under κάτω από *kato apo*

underground (railway) το μετρό *to metro*

underpants (men's) το σώβρακο *to sovrako*

underpass η υπόγεια διάβαση *ee eepoyeea dheeavasee*

understand καταλαβαίνω *katalaveno*

underwear τα εσώρουχα *ta esorookha*
unemployed άνεργος *anerghos*
unfasten λύνω *leeno*
United States οι Ηνωμένες Πολιτείες *ee eenomenes poleetee-es*
university το πανεπιστήμιο *to panepeesteemeeo*
unleaded petrol η αμόλυβδη βενζίνη *ee amoleevdhee venzeenee*
unpack (case) αδειάζω *adheeazo*
unscrew ξεβιδώνω *kseveedhono*
up (out of bed) ξύπνιος *kseepneeos*
   to go up ανεβαίνω *aneveno*
upstairs πάνω *pano*
urgently επειγόντως *epeeghondos*
urine τα ούρα *ta oora*
urn ο αμφορέας *o amforeas*
use χρησιμοποιώ *khreeseemopeeo*
useful χρήσιμος *khreeseemos*
usual συνηθισμένος *seeneetheesmenos*
usually συνήθως *seeneethos*

vacancy το διαθέσιμο δωμάτιο *to dheeatheseemo dhomateeo*
vacuum cleaner η ηλεκτρική σκούπα *ee eelektreekee skoopa*
valid έγκυρος *engeeros*
valley η κοιλάδα *ee keeladha*
valuable πολύτιμος *poleeteemos*
valuables τα πολύτιμα αντικείμενα *ta poleeteema andeekeemena*

value η αξία *ee akseea*
van το φορτηγάκι *to forteeghakee*
vase το βάζο *to vazo*
VAT ο ΦΠΑ *o fee pee a*
veal το μοσχάρι *to moskharee*
vegetables τα λαχανικά *ta lakhaneeka*
vegetarian ο χορτοφάγος *o khortofaghos*
vein η φλέβα *ee fleva*
velvet το βελούδο *to veloodho*
ventilator ο εξαεριστήρας *o eksaereesteeras*
vermouth το βερμούτ *to vermoot*
very πολύ *polee*
vest η φανέλα *ee fanela*
via μέσω *meso*
video το βίντεο *to video*
video camera η βιντεοκάμερα *ee videocamera*
video recorder η συσκευή βίντεο *ee seeskevee video*
view η θέα *ee thea*
villa η βίλλα *ee villa*
village το χωριό *to khoreeo*
vine leaves τα κληματόφυλλα *ta kleematofeela*
vinegar το ξύδι *to kseedhee*
visa η βίζα *ee visa*
visit *vb* επισκέπτομαι *epeeskeptome*
visit *n* επίσκέψη *ee epeeskepsee*
vitamin η βιταμίνη *ee veetameenee*
vodka η βότκα *ee votka*
voice η φωνή *ee fonee*
volley ball το βόλεϊμπολ *to volleyball*
voltage η τάση *ee tasee*

177

wage ο μισθός *o meesthos*

waist η μέση *ee mesee*

wait for περιμένω *pereemeno*

waiter το γκαρσόνι *to garsonee*

waiting room η αίθουσα αναμονής *ee ethoosa anamonees*

waitress η σερβιτόρα *ee serveetora*

Wales η Ουαλία *ee ooaleea*

walk n ο περίπατος *o pereepatos*

walk vb περπατώ *perpato*

walking stick το μπαστούνι *to bastoonee*

wall ο τοίχος *o teekhos*

wallet το πορτοφόλι *to portofolee*

walnut το καρύδι *to kareedhee*

want θέλω *thelo*

war ο πόλεμος *o polemos*

wardrobe η γκαρνταρόμπα *ee gardaroba*

warm ζεστός *zestos*

warning triangle το τρίγωνο αυτοκινήτου *to treeghono aftokeeneetoo*

wash (clothes) πλένω *pleno*
(oneself) πλένομαι *plenome*

washbasin η νιπτήρας *ee neepteeras*

washing machine το πλυντήριο *to pleendeereeo*

washing powder η σκόνη πλυσίματος *ee skonee pleeseematos*

washing-up liquid το υγρό για τα πιάτα *to eeghro ya ta peeata*

wasp η σφήκα *ee sfeeka*

waste bin το δοχείο *to dhokheeo*

watch n το ρολόι *to rolo-ee*

watch vb (TV) βλέπω *vlepo*
(someone's luggage) προσέχω *prosekho*

watchstrap το λουρί του ρολογιού *to looree too rologheeoo*

water το νερό *to nero*
  fresh water το γλυκό νερό *to ghleeko nero*
  salt water το αλμυρό νερό *to almeero nero*

waterfall ο καταρράκτης *o kataraktees*

water heater ο θερμοσίφωνας *o thermoseefonas*

water-skiing το θαλάσσιο σκι *to thalaseeo skee*

watermelon το καρπούζι *to karpoozee*

waterproof αδιάβροχος *adheeavrokhos*

water ban η λειψυδρία *ee leepseedhreea*

wave *(on sea)* το κύμα *to keema*

wax το κερί *to keree*

way *(method)* ο τρόπος *o tropos*
  this way απ' εδώ *apedho*
  that way απ' εκεί *apekee*

we εμείς *emees*

weak αδύνατος *adheenatos*

wear φορώ *foro*

weather ο καιρός *o keros*

wedding ο γάμος *o ghamos*

week η εβδομάδα *ee evdhomadha*

weekday η καθημερινή *ee katheemereenee*

weekend το σαββατοκύριακο *to savatokeereeako*

weekly *(rate, etc.)* εβδομαδιαίος *evdhomadhee-e-os*

weight το βάρος *to varos*

welcome καλώς ήλθατε *kalos eelthate*

well *(healthy)* υγιής *eeyee-ees*

well done *(steak)* καλοψημένος *kalopseemenos*

Welsh *(person)* ο Ουαλός / η Ουαλή *o ooalos / ee ooalee*

west η δύση *ee dheesee*

wet *(damp)* βρεγμένος *vreghmenos*
  (weather) βροχερός *vrokheros*

wetsuit η στολή για υποβρύχιο ψάρεμα *ee stolee ya eepovreekheeo psarema*

what τι *tee*
  what is it? τι είναι; *tee eene*
  what book? ποιο βιβλίο; *peeo veevleeo*

wheel ο τροχός *o trokhos*

wheelchair η αναπηρική καρέκλα *ee anapeereekee karekla*

when? πότε; *pote*

where? πού; *poo*

which? ποιος; *peeos*
  which is it? ποιο είναι; *peeo eene*

while ενώ *eno*

whipped cream η χτυπημένη κρέμα *ee khteepeemenee krema*

whisky το ουίσκυ *to whisky*

white άσπρος *aspros*

who ποιος *peeos*

whole όλος *olos*

wholemeal bread μαύρο ψωμί *mavro psomee*

whose: whose is it? ποιου είναι; *peeoo eene*

why? γιατί; *yatee*

wide πλατύς *platees*

wife η σύζυγος *ee seezeeghos*

wind ο αέρας *o aera*

window το παράθυρο *to paratheero*

windmill ο ανεμόμυλος *o anemomeelo*

windscreen το παρμπρίζ *to parbreez*

windsurfing το γουίντσερφινγκ *to windsurfing*

wine το κρασί *to krasee*

wine list ο κατάλογος των κρασιών *o kataloghos ton kraseeon*

winter ο χειμώνας *o kheemonas*

with με *me*

without χωρίς *khorees*

woman η γυναίκα *ee yeeneka*

wood το ξύλο *to kseelo*

wool το μαλλί *to malee*

word η λέξη *ee leksee*

work (person) δουλεύω *dhoolevo*
(machine) λειτουργώ *leetoorgho*

worried ανήσυχος *aneeseekhos*

worse χειρότερος *kheeroteros*

worth: 2000 drachmas worth of petrol 2000 δραχμές
βενζίνη *dheeo kheeleeadhes dhrakhmes venzeenee*
its worth 2000 drachmas αξίζει 2000 δραχμές *akseezee
dheeo kheeleeadhes dhrakhmes*

wrap (up) τυλίγω *teeleegho*

wrapping paper το χαρτί περιτυλίγματος *to khartee
pereeteeleeghmatos*

write γράφω *ghrafo*

writing paper το χαρτί αλληλογραφίας *to khartee
aleeloghrafeeas*

wrong λάθος *lathos*
you're wrong κάνετε λάθος *kanete lathos*

yacht το γιοτ *to yacht*

year ο χρόνος *o khronos*

yellow κίτρινος *keetreenos*

yes ναι *ne*

yesterday χτες *khtes*

yet ακόμα *akoma*
not yet όχι ακόμα *okhee akoma*

yoghurt το γιαούρτι *to yaoortee*

you *(sing./plural)* εσύ / εσείς *esee / esees*
young νέος *neos*
youth hostel ο ξενώνας νεότητος *o ksenonas neoteetos*

zero το μηδέν *to meedhen*
zip το φερμουάρ *to fermooar*
zone η ζώνη *ee zonee*
zoo ο ζωολογικός κήπος *o zooloyeekos keepos*

Greek	English
άγαλμα (το)	statue
αγάπη (η)	love
αγαπώ	to love
αγγείο (το)	vessel ; urn
αγγειοπλαστική (η)	pottery
αγγελία (η)	announcement
άγγελος (ο)	angel
Αγγλία (η)	England
αγγλικός/ή/ό	English (thing)
Άγγλος/ίδα (ο/η)	Englishman/-woman
αγγούρι (το)	cucumber
αγγουροντομάτα (η)	cucumber and tomato salad
άγιος/α/ο	holy ; saint
Άγιον Όρος (το)	Mount Athos
αγκινάρα (η)	artichoke
άγκυρα (η)	anchor
αγορά (η)	agora ; market
αγοράζω	to buy
αγοραστής (ο)	buyer
αγόρι (το)	young boy
άδεια (η)	permit ; licence
άδεια οδηγήσεως	driving licence
άδεια φωτογραφήσεως	permit to take photos
άδειος/α/ο	empty
αδελφή (η)	sister
αδελφός (ο)	brother
Άδης (ο)	Hades
αδιέξοδος (ο)	cul-de-sac ; no through road
αδίκημα (το)	offence
αδικία (η)	injustice

α	A
β	B
γ	Γ
δ	Δ
ε	E
ζ	Z
η	H
θ	Θ
ι	I
κ	K
λ	Λ
μ	M
ν	N
ξ	Ξ
ο	O
π	Π
ρ	P
σ ς	Σ
τ	T
υ	Y
φ	Φ
χ	X
ψ	Ψ
ω	Ω

Greek	English
αέρας (o)	wind
αερογραμμές (οι)	airways
Βρετανικές Αερογραμμές	British Airways
Κυπριακές Αερογραμμές	Cyprus Airways
αεροδρόμιο (το)	airport
αερολιμένας/αερολιμήν(o)	airport
αεροπλάνο (το)	aeroplane
αεροπορία (η)	air force
Ολυμπιακή Αεροπορία	Olympic Airways
αεροπορικό εισιτήριο (το)	air ticket
αεροπορικός	by air
αεροσκάφος (το)	aircraft
αζήτητος/η/o	unclaimed
Αθήνα (η)	Athens
αθλητικό κέντρο (το)	sports centre
αθλητισμός (o)	sports
Άθως (o)	Mount Athos
Αιγαίο (το)	the Aegean Sea
αίθουσα (η)	room
αίθουσα αναμονής	waiting room
αίθουσα αναχωρήσεων	departure lounge
αίμα (το)	blood
αίτημα (το)	demand
αίτηση (η)	application
ακάθαρτος/η/o	dirty
ακουστικά (τα)	earphones
ακουστικά βαρυκοΐας	hearing aids
ακουστικό (το)	receiver *(telephone)*
ακούω	to hear
άκρη (η)	edge
Ακρόπολη/ις (η)	the Acropolis
ακτή (η)	beach ; shore

α	A
β	B
γ	Γ
δ	Δ
ε	E
ζ	Z
η	H
θ	Θ
ι	I
κ	K
λ	Λ
μ	M
ν	N
ξ	Ξ
o	O
π	Π
ρ	P
σ ς	Σ
τ	T
υ	Y
φ	Φ
χ	X
ψ	Ψ
ω	Ω

ακτινογραφία (η)	X-ray
ακυρώνω	to cancel
αλάτι (το)	salt
αλεύρι (το)	flour
αλιεία (η)	fishing
είδη αλιείας	fishing tackle
αλλαγή (η)	change
δεν αλλάζονται	goods will not be exchanged
αλληλογραφία (η)	correspondence
αλληλογραφώ	to correspond
αλλοδαπός/ή	foreign national
αστυνομία αλλοδαπών	immigration police
αλμυρός/ή/ό	salty
αλτ!	stop!
αλυσίδα (η)	chain
αμάξωμα (το)	body (of car)
αμερικάνικος/η/ο	American (thing)
Αμερικανός/ίδα	American (man/woman)
Αμερική (η)	America
αμέσως	at once
αμήν	amen
άμμος (η)	sand
αμμουδιά (η)	sandy beach
αμοιβή (η)	reward
αμπέλι (το)	vine
αμύγδαλο (το)	almond
αμφιθέατρο (το)	amphitheatre
αμφορέας (ο)	jar
αν	if
αναβολή (η)	delay

α	Α
β	Β
γ	Γ
δ	Δ
ε	Ε
ζ	Ζ
η	Η
θ	Θ
ι	Ι
κ	Κ
λ	Λ
μ	Μ
ν	Ν
ξ	Ξ
ο	Ο
π	Π
ρ	Ρ
σ ς	Σ
τ	Τ
υ	Υ
φ	Φ
χ	Χ
ψ	Ψ
ω	Ω

ανάβω	to switch on
αναγγελία (η)	announcement
αναζήτηση (η)	search
αναζήτηση αποσκευών	left-luggage (office)
ανάκριση (η)	interrogation
ανάκτορα (τα)	palace
αναμονή (η)	waiting
αίθουσα αναμονής	waiting room
ανανάς (ο)	pineapple
ανανεώνω	to renew
ανάπηρος/η/ο	handicapped ; disabled
αναπληρώνω	to replace
αναπτήρας (ο)	cigarette lighter
ανασκαφή (η)	excavation
ανατολή (η)	east
αναχώρηση (η)	departure
αναχωρήσεις	departures
αίθουσα αναχωρήσεων	departure lounge
αναψυκτήριο (το)	refreshments
αναψυκτικό (το)	soft drink
αναψυχή (η)	recreation
άνδρας (ο)	man
ανδρική μόδα (η)	mens fashions
Ανδρών	Men (toilets)
ανελκυστήρας (ο)	lift ; elevator
ανεμιστήρας (ο)	fan
άνθη (τα)	flowers
ανθοπωλείο (το)	florist's
άνθρωπος (ο)	man
ανοικτός/ή/ό	open
άνοιξη (η)	spring

α	A
β	B
γ	Γ
δ	Δ
ε	E
ζ	Z
η	H
θ	Θ
ι	I
κ	K
λ	Λ
μ	M
ν	N
ξ	Ξ
ο	O
π	Π
ρ	P
σ ς	Σ
τ	T
υ	Y
φ	Φ
χ	X
ψ	Ψ
ω	Ω

Greek	English
ανταλλαγή (η)	exchange
ανταλλακτικά (τα)	spare parts
αντιβιοτικά (τα)	antibiotics
αντίγραφο (το)	copy ; reproduction
αντίκες (οι)	antiques
αντικλεπτικά (τα)	anti-theft devices
αντίο	goodbye
αντιπηκτικό (το)	antifreeze
αντιπρόσωπος (ο)	representative
αντλία (η)	pump
αντλία βενζίνης	petrol pump
αντρόγυνο (το)	couple
ανώμαλος/η/ο	uneven
ανωμαλία οδοστρώματος	uneven road surface
αξεσουάρ (τα)	accessories
αξεσουάρ αυτοκινήτων	car accessories
αξία (η)	value
αξία διαδρομής	fare
αξιοθέατα (τα)	the sights
απαγορεύω	to forbid ; no...
απαγορεύεται η αναμονή	no waiting
απαγορεύεται η διάβαση	keep off
απαγορεύεται η είσοδος	no entry
απαγορεύεται το κάπνισμα	no smoking
απαγορεύεται η στάθμευση	no parking
απαγορεύονται τα σκυλιά	no dogs
απαγορεύεται η φωτογράφηση	no photography
απαίτηση (η)	claim
Απελία	a dry white wine
απεργία (η)	strike
από	from
απογείωση (η)	takeoff

α	A
β	B
γ	Γ
δ	Δ
ε	E
ζ	Z
η	H
θ	Θ
ι	I
κ	K
λ	Λ
μ	M
ν	N
ξ	Ξ
ο	O
π	Π
ρ	P
σ ς	Σ
τ	T
υ	Y
φ	Φ
χ	X
ψ	Ψ
ω	Ω

απόγευμα (το)	**afternoon**
απόδειξη (η)	**receipt**
αποθήκη (η)	**warehouse**
αποκλειστικός/ή/ό	**exclusive**
απόκριες (οι)	**carnival**
αποσκευές (οι)	**luggage**
αναζήτηση αποσκευών	**left-luggage** (office)
απόχη (η)	**fishing/butterfly net**
απόψε	**tonight**
Απρίλιος (ο)	**April**
αργότερα	**later**
αρέσω	**to please**
μου αρέσει	**I like**
αριθμός (ο)	**number**
αριθμός διαβατηρίου	**passport number**
αριθμός πτήσεως	**flight number**
αριστερά	**left** (side)
αρνί (το)	**lamb**
αρρώστια (η)	**illness**
άρρωστος/η/ο	**ill**
άρρωστος/η (ο/η)	**patient**
αρτοποιία (η)	**bakery**
αρχαιολογικός χώρος (ο)	**archaeological site**
αρχαιολόγος (ο/η)	**archaeologist**
αρχαίος/α/ο	**ancient**
αρχή (η)	**start ; authority**
αρχιεπίσκοπος (ο)	**archbishop**
αρχίζω	**to begin**
άρωμα (το)	**perfume**
ασανσέρ (το)	**lift ; elevator**
ασθενής (ο/η)	**patient**
άσθμα (το)	**asthma**

α	A
β	B
γ	Γ
δ	Δ
ε	E
ζ	Z
η	H
θ	Θ
ι	I
κ	K
λ	Λ
μ	M
ν	N
ξ	Ξ
ο	O
π	Π
ρ	P
σ ς	Σ
τ	T
υ	Y
φ	Φ
χ	X
ψ	Ψ
ω	Ω

άσκοπος/η/ο	**improper**
άσκοπη χρήση	**improper use**
ασπιρίνη (η)	**aspirin**
άσπρος/η/ο	**white**
αστακός (ο)	**lobster**
αστικός νομισματοδέκτης (ο)	**coin-operated phone for local calls**
αστυνομία (η)	**police**
αστυνομία αλλοδαπών	**immigration police**
αστυνομική διάταξη (η)	**police notice**
αστυνομικός σταθμός (ο)	**police station**
αστυφύλακας (ο)	**town policeman**
ασφάλεια (η)	**insurance ; fuse**
ασφάλεια έναντι κλοπής	**theft insurance**
ασφάλεια έναντι τρίτων	**third-party insurance**
ασφάλεια ζωής	**life insurance**
ασφάλιση (η)	**insurance**
πλήρης ασφάλιση	**comprehensive insurance**
ατμοπλοϊκό εισιτήριο (το)	**boat ticket**
ατύχημα (το)	**accident**
αβγό (το)	**egg**
αβγό βραστό	**boiled egg**
αβγό μελάτο	**soft boiled egg**
αβγό ποσέ	**poached egg**
αβγό τηγανητό	**fried egg**
αβγά ημέρας	**newly-laid eggs**
αβγολέμονο (το)	**sauce made from lemon and beaten eggs**
Αύγουστος (ο)	**August**
αυτοκίνητο (το)	**car**
ενοικιάσεις αυτοκινήτων	**car hire**
Ελληνική Λέσχη	**The Automobile**

α	Α
β	Β
γ	Γ
δ	Δ
ε	Ε
ζ	Ζ
η	Η
θ	Θ
ι	Ι
κ	Κ
λ	Λ
μ	Μ
ν	Ν
ξ	Ξ
ο	Ο
π	Π
ρ	Ρ
σς	Σ
τ	Τ
υ	Υ
φ	Φ
χ	Χ
ψ	Ψ
ω	Ω

	Αυτοκινήτου και	and Touring Club		α	A
Περιηγήσεων	of Greece		β	B
στάθμευση αυτοκινήτων	car parking		γ	Γ
συνεργείο αυτοκινήτων	car repairs		δ	Δ
αυτοκινητόδρομος (ο)	motorway		ε	E
αυτόματος/η/ο	automatic		ζ	Z
αυτόματη μετάδοση	automatic transmission		η	H
αυτοψωνίζετε	self-service		θ	Θ
άφιξη (η)	arrival		ι	I
αφίξεις	arrivals		κ	K
δελτίο αφίξεως	arrival card		λ	Λ
αφορολόγητα (τα)	duty-free goods		μ	M
Αφροδίτη	Aphrodite, a		ν	N
	medium white wine		ξ	Ξ
	from Cyprus		ο	O
αχλάδι (το)	pear		π	Π
άχρηστα (τα)	waste		ρ	P
αψίδα (η)	arch		σ ς	Σ
			τ	T
βαγόνι (το)	carriage *(train)*		υ	Y
βαλβίδα (η)	valve		φ	Φ
βαλίτσα (η)	suitcase		χ	X
βαμβακερός/ή/ό	*(made of)* cotton		ψ	Ψ
βαρέλι (το)	barrel		ω	Ω
μπίρα από βαρέλι	draught beer			
βάρκα (η)	boat			
βάρος (το)	weight			
βαφή (η)	paint ; dye			
βγάζω	to take off			
βγαίνω	to go out			

β B

βελόνα (η)	needle
βενζίνη (η)	petrol
βήχας (ο)	cough
βιβλίο (το)	book
βιβλιοθήκη (η)	bookcase ; library
Δημοτική Βιβλιοθήκη	Public Library
Κεντρική Βιβλιοθήκη	Central Library
βιβλιοπωλείο (το)	bookshop
Βίβλος (η)	the Bible
βιταμίνη (η)	vitamin
βιτρίνα (η)	shop window
βοδινό κρέας	beef
βοήθεια (η)	help
οδική βοήθεια	breakdown service
πρώτες βοήθειες	casualty (hospital)
βόμβα (η)	bomb
βομβητής (ο)	buzzer
βορράς (ο)	north
βουλή (η)	parliament
βουνό (το)	mountain
βούρτσα (η)	brush
βούτυρο (το)	butter
βράδυ (το)	evening
Βρετανία (η)	Britain
βρετανικος/ή/ό	British (thing)
Βρετανός/ίδα (ο/η)	British (man/woman)
βροχερός/ή/ό	rainy
βροχή (η)	rain

α	Α
β	Β
γ	Γ
δ	Δ
ε	Ε
ζ	Ζ
η	Η
θ	Θ
ι	Ι
κ	Κ
λ	Λ
μ	Μ
ν	Ν
ξ	Ξ
ο	Ο
π	Π
ρ	Ρ
σ ς	Σ
τ	Τ
υ	Υ
φ	Φ
χ	Χ
ψ	Ψ
ω	Ω

Greek	English
γάιδαρος (ο)	donkey
γάλα (το)	milk
γαλάζιος/α/ο	blue
γαλακτοπωλείο (το)	dairy products
Γαλλία (η)	France
γαλλικός/ή/ό	French (thing)
Γάλλος/ίδα (ο/η)	French (man/woman)
γαλοπούλα (η)	turkey
γάμος (ο)	wedding ; marriage
γαρίδα (η)	shrimp, prawn
γεια σου	hello ; goodbye
γεμάτος/η/ο	full
γενέθλια (τα)	birthday
γενικός/ή/ό	general
Γενικό Νοσοκομείο	General Hospital
γέννηση (η)	birth
Γερμανία (η)	Germany
γερμανικός/ή/ό	German (thing)
Γερμανός/ίδα (ο/η)	German (man/woman)
γεύμα (το)	meal
γέφυρα (η)	bridge
για	for
γιαγιά (η)	grandmother
γιαούρτι (το)	yoghurt
γιασεμί (το)	jasmine
γιατί	why ; because
γιατρός (ο/η)	doctor
γίνομαι	to become
γίνονται δεκτές πιστωτικές κάρτες	we accept credit cards
γιορτή (η)	public holiday

α	A
β	B
γ	Γ
δ	Δ
ε	E
ζ	Z
η	H
θ	Θ
ι	I
κ	K
λ	Λ
μ	M
ν	N
ξ	Ξ
ο	O
π	Π
ρ	P
σ ς	Σ
τ	T
υ	Y
φ	Φ
χ	X
ψ	Ψ
ω	Ω

γιος (ο)	son
γιοτ (το)	yacht
γκάζι (το)	accelerator *(car)* ; gas
γκαράζ (το)	garage
γκαρσόν (το)/γκαρσόνι (το)	waiter
γλυκός/ιά/ό	sweet
γλυκό (το)/γλυκά (τα)	cakes and pastries
γλυκό ταψιού	pastries in syrup
γλύπτης/ρια (ο/η)	sculptor
γλυπτική (η)	sculpture
γλώσσα (η)	tongue ; language ; sole *(fish)*
γονείς (οι)	parents
γουιντσέρφινγκ (το)	windsurfing
γράμμα (το)	letter
γράμμα κατεπείγον	express letter
γράμμα συστημένο	registered letter
γραμμάριο (το)	gramme
γραμματοκιβώτιο (το)	letter box
γραμματόσημο (το)	stamp
γραφείο (το)	office ; desk
Γραφείο Τουρισμού	Tourist Office
γρήγορα	quickly
γρίππη (η)	influenza
γυαλί (το)	glass
γυαλιά (τα)	glasses
γυαλιά του ήλιου	sunglasses
γυναίκα (η)	woman
Γυναικών	Ladies *(toilets)*
γύρος (ο)	doner (kebab)
γύρω	round ; about
γωνία (η)	corner

α	A
β	B
γ	Γ
δ	Δ
ε	E
ζ	Z
η	H
θ	Θ
ι	I
κ	K
λ	Λ
μ	M
ν	N
ξ	Ξ
ο	O
π	Π
ρ	P
σ ς	Σ
τ	T
υ	Y
φ	Φ
χ	X
ψ	Ψ
ω	Ω

Greek	English
δακτυλίδι (το)	ring *(for finger)*
δακτύλιος (ο)	ring ; circle
δαμάσκηνο (το)	plum
δαντέλα (η)	lace
δασκάλα (η)	teacher *(female)*
δάσκαλος (ο)	teacher *(male)*
δασμός (ο)	duty ; tax
δάσος (το)	forest
δείπνο (το)	dinner
δέκα	ten
Δεκέμβριος (ο)	December
δελτίο (το)	card ; coupon
δελτίο αφίξεως	arrival card
δελφίνι (το)	dolphin
ιπτάμενο δελφίνι	hydrofoil
Δελφοί (οι)	Delphi
δέμα (το)	parcel
Δεμέστικα	dry wine *(white or red)*
δεν	not
δεν δίνει ρέστα	no change given
δε λειτουργει	out of order
δεξιά	right *(side)*
δέρμα (το)	skin ; leather
δεσποινίς/ίδα (η)	Miss
Δευτέρα (η)	Monday
δεύτερος/η/ο	second
δήλωση (η)	announcement
δήλωση συναλλάγματος	currency declaration
είδη προς δήλωση	goods to declare
ουδέν προς δήλωση	nothing to declare
δημαρχείο (το)	Town Hall

α	Α
β	Β
γ	Γ
δ	Δ
ε	Ε
ζ	Ζ
η	Η
θ	Θ
ι	Ι
κ	Κ
λ	Λ
μ	Μ
ν	Ν
ξ	Ξ
ο	Ο
π	Π
ρ	Ρ
σ ς	Σ
τ	Τ
υ	Υ
φ	Φ
χ	Χ
ψ	Ψ
ω	Ω

δημόσιος/α/ο	public		α	A
δημόσια έργα	road works		β	B
δημόσιος κήπος	public gardens		γ	Γ
δημοτικός/ή/ό	public		δ	Δ
Δημοτική Αγορά	public market		ε	E
Δημοτική Βιβλιοθήκη	Public Library		ζ	Z
διάβαση (η)	crossing		η	H
διάβαση πεζών	pedestrian crossing		θ	Θ
υπόγεια διάβαση πεζών	pedestrian subway		ι	I
διαβατήριο (το)	passport		κ	K
αριθμός διαβατηρίου	passport number		λ	Λ
έλεγχος διαβατηρίων	passport control		μ	M
διαβήτης (ο)	diabetes		ν	N
διαδρομή (η)	route		ξ	Ξ
δίαιτα (η)	diet		ο	O
διακεκριμένος/η/ο	distinguished		π	Π
διακεκριμένη θέση	business class		ρ	P
διακοπές (οι)	holidays		σ ς	Σ
διάλειμμα (το)	interval ; break		τ	T
διάλυση (η)	closing down		υ	Y
διαμέρισμα (το)	flat ; apartment		φ	Φ
διανυχτερεύει	open all-night		χ	X
διάρκεια (η)	duration		ψ	Ψ
κατά τη διάρκεια της ημέρας	during the day		ω	Ω
διασκέδαση (η)	entertainment			
κέντρο διασκεδάσεως	nightclub			
διατηρώ	to keep			
διατηρείτε την πόλη καθαρή	keep the town clean			
διατροφή (η):πλήρης διατροφή	full board			
δίδραχμο (το)	two-drachma piece			

Greek	English
διεθνής/ής/ές	international
διερμηνέας (ο/η)	interpreter
διεύθυνση (η)	address
διευθυντής (ο)	manager
δικαστήριο (το)	court
δικηγόρος (ο/η)	lawyer
διπλός/ή/ό	double
διπλό δωμάτιο	double room
διπλό κρεββάτι	double bed
δισκοθήκη (η)	disco
δίσκος (ο)	record
δίχτυ (το)	net
διψώ	to be thirsty
δολάριο (το)	dollar
δόντι (το)	tooth
δραχμή (η)	drachma
δρομολόγιο (το)	timetable ; route
εξωτερικά δρομολόγια	international routes
εσωτερικά δρομολόγια	internal routes
δρόμος (ο)	street ; way
δύο	two
δύση (η)	west
δυσκοιλιότητα (η)	constipation
δυστύχημα (το)	accident
δυτικός/ή/ό	western
Δωδεκάνησα (τα)	the Dodecanese
δωμάτιο (το)	room
δωρεάν	free of charge
δώρο (το)	present ; gift

α	A
β	B
γ	Γ
δ	Δ
ε	E
ζ	Z
η	H
θ	Θ
ι	I
κ	K
λ	Λ
μ	M
ν	N
ξ	Ξ
ο	O
π	Π
ρ	P
σ ς	Σ
τ	T
υ	Y
φ	Φ
χ	X
ψ	Ψ
ω	Ω

εβδομάδα (η)	week	
εγγραφή (η)	registration	
εγγύηση (η)	guarantee	
έγχρωμος/η/ο	coloured	
έγχρωμες φωτογραφίες	colour photographs	
εδώ	here	
εθνικός/ή/ό	national	
εθνικό θέατρο	national theatre	
εθνικοί οδοί	national highways	
εθνικός κήπος	public garden	
εθνικός ύμνος	national anthem	
έθνος (το)	nation	
ειδικός/ή/ό	specialist	
είδος (το)	kind ; sort	
είδη	goods	
είδη προς δήλωση	goods to declare	
είδη εξοχής	camping equipment	
είδη καπνιστού	tobacconist	
είδη κήπου	garden centre	
είδη υγιεινής	bathrooms	
εισιτήριο (το)	ticket	
εισιτήριο απλής διαδρομής	single ticket	
εισιτήριο μετ επιστροφή	return ticket	
ατμοπλοϊκό εισιτήριο	boat ticket	
σιδηροδρομικό εισιτήριο	rail ticket	
φοιτητικό εισιτήριο	student ticket	
είσοδος (η)	entrance ; entry	
εισπράκτορας (ο)	conductor *(on bus)*	
χωρίς εισπράκτορα	pay as you enter	
εκδόσεις εισιτηρίων	tickets	
εκδοτήρια (τα)	ticket machines	
εκεί	there	
έκθεση (η)	exhibition	

α	A
β	B
γ	Γ
δ	Δ
ε	E
ζ	Z
η	H
θ	Θ
ι	I
κ	K
λ	Λ
μ	M
ν	N
ξ	Ξ
ο	O
π	Π
ρ	P
σ ς	Σ
τ	T
υ	Y
φ	Φ
χ	X
ψ	Ψ
ω	Ω

Greek	English
εκκλησία (η)	church
έκπτωση (η)	discount
εκπτώσεις	sale
εκτελούνται έργα	road works
εκτός	except ; unless
εκτός λειτουργίας	out of order
έλα!	come on!
ελαστικό (το)	tyre
σέρβις ελαστικών	tyre service
ελαττώνω	to reduce
ελαττώσατε ταχύτητα	reduce speed
έλεγχος (ο)	control
έλεγχος διαβατηρίων	passport control
έλεγχος εισιτηρίων	check-in
έλεγχος ελαστικών	tyre check
αγορανομικός έλεγχος	approved prices
ελεύθερος/η/ο	free ; for hire
ελιά (η)	olive ; olive tree
έλκος (το)	ulcer
Ελλάδα/Ελλάς (η)	Greece
Έλληνας/ίδα (ο/η)	Greek (man/woman)
ελληνικά (τα)	Greek (language)
ελληνικός/ή/ό	Greek (thing)
Ελληνικά Ταχυδρομεία	Greek Post Office
Ελληνική Δημοκρατία	Republic of Greece
Ελληνικής κατασκευής	Made in Greece
το Ελληνικό	Athens Airport
Ελληνικός Οργανισμός Τουρισμού	Greek Tourist Organization
Ελληνικό προϊόν	product of Greece
εμπρός	forward ; in front
εμφανίζω	to develop (film)
εναντίον	against

α	A
β	B
γ	Γ
δ	Δ
ε	E
ζ	Z
η	H
θ	Θ
ι	I
κ	K
λ	Λ
μ	M
ν	N
ξ	Ξ
ο	O
π	Π
ρ	P
σ ς	Σ
τ	T
υ	Y
φ	Φ
χ	X
ψ	Ψ
ω	Ω

Greek	English		
έναρξη (η)	opening ; beginning	α	A
ένας/μία/ένα	one	β	B
ένδυμα (το)	article of clothing	γ	Γ
έτοιμα ενδύματα	ready-to-wear	δ	Δ
ένεση (η)	injection	ε	E
εννέα/εννιά	nine	ζ	Z
ενοικιάζω	to rent ; to hire	η	H
ενοικιάζεται	to let	θ	Θ
ενοικιάσεις	for hire	ι	I
ενοίκιο (το)	rent	κ	K
εντάξει	all right ; OK	λ	Λ
εντομοκτόνο (το)	insecticide	μ	M
έντυπο (το)	form (to fill in)	ν	N
έξι	six	ξ	Ξ
έξοδος (η)	exit ; gate (at airport)	ο	O
εξοχή (η)	countryside	π	Π
εξυπηρέτηση (η)	service	ρ	P
έξω	out ; outside	σ ς	Σ
εξωλέμβιες (οι)	outboard motorboats	τ	T
εξώστης (ο)	circle ; balcony (theatre)	υ	Y
εξωτερικός/ή/ό	external	φ	Φ
το εξωτερικό	abroad	χ	X
εξωτερικού	letters abroad (postbox)	ψ	Ψ
πτήσεις εξωτερικού	international flights	ω	Ω
ΕΟΚ	EEC (EC)		
ΕΟΤ	Greek Tourist Organization		
επάγγελμα (το)	occupation ; profession		
επείγον/επείγουσα	urgent ; express		
επιβάτης/τρια (ο/η)	passenger		
διερχόμενοι επιβάτες	passengers in transit		
επιβατικά (τα)	private cars		
επιβεβαιώνω	to confirm		

επιβίβαση (η)	boarding
κάρτα επιβιβάσεως	boarding card
επιδόρπιο (το)	dessert
επικίνδυνος/η/ο	dangerous
επίσης	also
επισκευή (η)	repair
επισκευές	repairs
επίσκεψη (η)	visit
ώρες επισκέψεων	visiting hours
επιστολή (η)	letter
επιστολή επείγουσα	urgent or express letter
επιστολή συστημένη	registered letter
επιστροφή (η)	return
επιστροφή νομισμάτων	returned coins
επιστροφές	returned goods
επιταγή (η)	cheque
ταχυδρομική επιταγή	postal order
επόμενος/η/ο	next
εποχή (η)	season
επτά/εφτά	seven
Επτάνησα (τα)	Ionian Islands
επώνυμο (το)	surname
έργα (τα)	road works
εργαλείο (το)	tool
εργοστάσιο (το)	factory
ερώτηση (η)	question
εστιατόριο (το)	restaurant
εσώρουχα (τα)	underwear
εσωτερικός/ή/ό	internal
εσωτερικού	inland *(on post boxes)*
πτήσεις εσωτερικού	internal flights
εταιρ(ε)ία (η)	company ; firm

α	A
β	B
γ	Γ
δ	Δ
ε	E
ζ	Z
η	H
θ	Θ
ι	I
κ	K
λ	Λ
μ	M
ν	N
ξ	Ξ
ο	O
π	Π
ρ	P
σ ς	Σ
τ	T
υ	Y
φ	Φ
χ	X
ψ	Ψ
ω	Ω

Greek	English
έτος (το)	year
έτσι	so ; like this
ευθεία (η)	straight line
κατ' ευθείαν	straight on
ευκαιρία (η)	opportunity ; bargain
ευκολία (η)	ease ; convenience
ευκολίες πληρωμής	credit terms
Ευρώπη (η)	Europe
ευχαριστώ	thank you
εφημερίδα (η)	newspaper
ζάλη (η)	dizziness
ζαμπόν (το)	ham
ζάχαρη (η)	sugar
ζαχαροπλαστείο (το)	patisserie
ζέστη (η)	heat
κάνει ζέστη	it's hot
ζημιά (η)	damage
πάσα ζημιά τιμωρείται	anyone causing damage will be prosecuted
ζητώ	to ask ; to seek
ζυγαριά (η)	scales (for weighing)
ζυμαρικά (τα)	pastries
ζωγραφική (η)	painting (art)
ζώνη (η)	belt
ζώνη ασφαλείας	safety belt
ζώο (το)	animal
ζωολογικός κήπος (ο)	zoo

α	A
β	B
γ	Γ
δ	Δ
ε	E
ζ	Z
η	H
θ	Θ
ι	I
κ	K
λ	Λ
μ	M
ν	N
ξ	Ξ
ο	O
π	Π
ρ	P
σς	Σ
τ	T
υ	Y
φ	Φ
χ	X
ψ	Ψ
ω	Ω

η	**the** (with fem. nouns)	
ή	**or**	
HB	**UK**	
ηλεκτρισμός (ο)	**electricity**	
ηλεκτρονικός/ή/ό	**electronic**	
ηλιακός/ή/ό	**solar**	
ηλίαση (η)	**sunstroke**	
ηλικία (η)	**age**	
ηλιοθεραπεία (η)	**sunbathing**	
ήλιος (ο)	**sun**	
Ήλιος	**a dry white wine from Rhodes**	
ημέρα (η)	**day**	
ημερήσιος/α/ο	**daily**	
ημερομηνία (η)	**date**	
ημερομηνία αναχωρήσεως	**date of departure**	
ημερομηνία αφίξεως	**date of arrival**	
ημερομηνία γεννήσεως	**date of birth**	
ημερομηνία λήξεως	**expiry date**	
ημιδιατροφή (η)	**half board**	
Ηνωμένο Βασίλειο (το)	**United Kingdom**	
ΗΠΑ	**USA**	
ησυχία (η)	**calmness ; quiet**	
θάλασσα (η)	**sea**	
θαλάσσιος/α/ο	**of the sea**	
θαλάσσιο αλεξίπτωτο	**paragliding**	
θαλάσσιο σκι	**water-skiing**	
θέατρο (το)	**theatre**	
θεός/ά (ο/η)	**god ; goddess**	
θεραπεία (η)	**treatment**	

α	A
β	B
γ	Γ
δ	Δ
ε	E
ζ	Z
η	H
θ	Θ
ι	I
κ	K
λ	Λ
μ	M
ν	N
ξ	Ξ
ο	O
π	Π
ρ	P
σ ς	Σ
τ	T
υ	Y
φ	Φ
χ	X
ψ	Ψ
ω	Ω

θερινός/ή/ό	**summer**
θερινές διακοπές	**summer holidays**
θέρμανση (η)	**heating**
θερμίδα (η)	**calorie**
θερμοστάτης (ο)	**thermostat**
θέση (η)	**place ; seat**
διακεκριμένη θέση	**business class**
κράτηση θέσης	**seat reservation**
οικονομική θέση	**economy class**
πρώτη θέση	**first class**
Θεσσαλονίκη (η)	**Salonica**
θύελλα (η)	**storm**
θύρα (η)	**door ; gate** *(airport)*
πυροστεγής θύρα	**fire door**
θυρίδα (η), θυρίς (η)	**ticket window**
θυρωρείο (το)	**porter's lodge**
Ιανουάριος (ο)	**January**
ιατρική περίθαλψη (η)	**medical treatment**
ιατρός (ο/η)	**doctor**
ιδιοκτήτης/τρια (ο/η)	**owner**
ιδιωτικός/ή/ό	**private**
ιδιωτικός χώρος	**private ; keep out**
ιθαγένεια (η)	**nationality**
ιματιοθήκη (η)	**cloakroom**
Ιόνιο Πέλαγο (το)	**Ionian sea**
Ιόνιοι Νήσοι (οι)	**Ionian Islands**
Ιούλιος (ο)	**July**
Ιούνιος (ο)	**June**
ιππασία (η)	**riding**
ιπποδρομίες (οι)	**horse racing**

α	A
β	B
γ	Γ
δ	Δ
ε	E
ζ	Z
η	H
θ	Θ
ι	I
κ	K
λ	Λ
μ	M
ν	N
ξ	Ξ
ο	O
π	Π
ρ	P
σ ς	Σ
τ	T
υ	Y
φ	Φ
χ	X
ψ	Ψ
ω	Ω

ιππόδρομος (ο)	racetrack
ιππόκαμπος (ο)	sea-horse
ιπτάμενος/η/ο	flying
ιπτάμενο δελφίνι	hydrofoil
Ισθμός (ο)	canal
ο Ισθμός της Κορίνθου	the Corinth canal
ισόγειο (το)	ground floor
Ισπανία (η)	Spain
ισπανικός/ή/ό	Spanish (thing)
Ισπανός/ίδα (ο/η)	Spaniard (man/woman)
ιστιοπλοΐα (η)	sailing
Ιταλία (η)	Italy
ιταλικός/ή/ό	Italian (thing)
Ιταλός/ίδα (ο/η)	Italian (man/woman)
IX	private cars (parking)
ιχθυοπωλείο (το)	fishmonger's
κάβα (η)	off-licence
κάβουρας (ο)	crab
καζίνο (το)	casino
καθαριστήριο (το)	dry-cleaner's
καθαρίστρια (η)	cleaner
καθαρός/ή/ό	clean
κάθε	every ; each
καθεδρικός ναός (ο)	cathedral
καθημερινός/ή/ό	daily
καθημερινά δρομολόγια	daily departures
κάθισμα (το)	seat
καθολικός/ή/ό	Catholic
καθυστέρηση (η)	delay

α	Α
β	Β
γ	Γ
δ	Δ
ε	Ε
ζ	Ζ
η	Η
θ	Θ
ι	Ι
κ	Κ
λ	Λ
μ	Μ
ν	Ν
ξ	Ξ
ο	Ο
π	Π
ρ	Ρ
σ ς	Σ
τ	Τ
υ	Υ
φ	Φ
χ	Χ
ψ	Ψ
ω	Ω

Greek	English
και	and
καιρός (ο)	weather
κακάο (το)	drinking chocolate
κακοκαιρία (η)	bad weather
καλά	well ; all right
καλάθι (το)	basket
καλαμάρι (το)	squid
καλημέρα	good morning
καληνύχτα	good night
καλησπέρα	good evening
καλοκαίρι (το)	summer
καλλυντικά (τα)	cosmetics
καλοριφέρ (το)	central heating ; radiator
καλοψημένο	well done *(meat)*
καλσόν (το)	tights
κάλτσα (η)	sock ; stocking
καμαριέρα (η)	chambermaid
καμπή (η)	bend *(in road)*
καμπίνα (η)	cabin
κανάλι (το)	canal ; channel *(TV)*
κανέλα (η)	cinnamon
κανταΐφι (το)	a sweet made of shredded pastry filled with almonds
κάνω	to do
καμπαρτίνα (η)	raincoat
καπέλο (το)	hat
καπετάνιος (ο)	captain *(of ship)*
καπνίζω	to smoke
μην καπνίζετε	no smoking

α	A
β	B
γ	Γ
δ	Δ
ε	E
ζ	Z
η	H
θ	Θ
ι	I
κ	K
λ	Λ
μ	M
ν	N
ξ	Ξ
ο	O
π	Π
ρ	P
σς	Σ
τ	T
υ	Y
φ	Φ
χ	X
ψ	Ψ
ω	Ω

κάπνισμα (το)	**smoking**
απαγορεύεται το κάπνισμα	**no smoking**
καπνιστής (ο)	**smoker**
είδη καπνιστού	**tobacconist's**
καπνοπωλείο (το)	**tobacconist**
καπνός (ο)	**smoke ; tobacco**
κάποτε	**sometimes ; one time**
καράβι (το)	**boat ; ship**
καραμέλα (η)	**sweet(s)**
κάρβουνο (το)	**coal**
στα κάρβουνα	**charcoal-grilled**
καρδιά (η)	**heart**
καρναβάλι (το)	**carnival**
καροτσάκι (το)	**pushchair**
καρπούζι (το)	**watermelon**
κάρτα (η)	**card**
κάρτα απεριόριστων	**rail card for**
διαδρομών	**unlimited travel**
κάρτα επιβιβάσεως	**boarding card**
καρτποστάλ	**postcard**
επαγγελματική κάρτα	**business card**
μόνο με κάρτα	**cardholders only**
πιστωτική κάρτα	**credit card**
καρύδα (η)	**coconut**
καρύδι (το)	**walnut**
καρχαρίας (ο)	**shark**
κασέτα (η)	**tape** *(for recording)*
κασετόφωνο (το)	**tape recorder**
κάστανο (το)	**chestnut**
κάστρο (το)	**castle ; fortress**
κατάθεση (η)	**deposit ; statement to police**

α	A
β	B
γ	Γ
δ	Δ
ε	E
ζ	Z
η	H
θ	Θ
ι	I
κ	K
λ	Λ
μ	M
ν	N
ξ	Ξ
ο	O
π	Π
ρ	P
σ ς	Σ
τ	T
υ	Y
φ	Φ
χ	X
ψ	Ψ
ω	Ω

καταιγίδα (η)	storm
καταλαβαίνω	to understand
καταλαβαίνεις;	do you understand? *(familiar form)*
καταλαβαίνετε;	do you understand? *(polite form)*
κατάλογος (ο)	list ; menu ; directory
τηλεφωνικός κατάλογος	telephone directory
καταπραϋντικό (το)	tranquillizer
κατασκήνωση (η)	camping
κατάστημα (το)	shop ; branch *(of bank)*
κατάστρωμα (το)	deck
κατεπείγον/κατεπείγουσα	urgent ; express
κατεψυγμένος/η/ο	frozen
κατηγορία (η)	class *(of hotel)*
κατηγορώ	to accuse
κατσαρόλα (η)	saucepan
κατσίκα (η)	goat
κατσικάκι (το)	kid *(young goat)*
κάτω	under ; lower
καύσιμα (τα)	fuel
καφέ	brown
καφενείο (το)	coffee house
καφές (ο)	coffee *(usually Greek)*
καφές βαρύς γλυκός;	very sweet coffee
καφές γλυκός	sweet coffee
καφές μέτριος	medium sweet coffee
καφές σκέτος	strong black coffee
καφές στιγμιαίος	instant coffee
καφές φραπέ	iced coffee
καφετερία (η)	cafeteria
κέικ (το)	cake

α	A
β	B
γ	Γ
δ	Δ
ε	E
ζ	Z
η	H
θ	Θ
ι	I
κ	K
λ	Λ
μ	M
ν	N
ξ	Ξ
ο	O
π	Π
ρ	P
σ ς	Σ
τ	T
υ	Y
φ	Φ
χ	X
ψ	Ψ
ω	Ω

Greek	English
κεντρικός/ή/ό	central
κέντρο (το)	centre ; café
κέντρο αλλοδαπών	immigration office
κέντρο διασκεδάσεως	nightclub
κέντρο εισιτηρίων	ticket office
αθλητικό κέντρο	sports centre
τηλεφωνικό κέντρο	telephone exchange
κεράσι (το)	cherry
Κέρκυρα (η)	Corfu
κέρμα (το)	coin
κερνώ	to buy a drink
κεφαλή (η)	head
κέφι (το)	good humour ; fun
κεφτές (ο)	meatball
κήπος (ο)	garden
δημόσιος κήπος	public garden
ζωολογικός κήπος	zoo
κιβώτιο (το)	box
κιβώτιο ταχύτητων	gearbox
κιλό (το)	kilo
κιμάς (ο)	minced meat
κίνδυνος (ο)	danger
κίνδυνος θάνατος	extreme danger
κώδων κινδύνου	emergency siren
κινηματογράφος (ο)	cinema
κινητήρας (ο)	engine
Κιτρό	a slightly sour white wine from Naxos
κλάξον (το)	horn *(in car)*
κλειδί (το)	spanner ; key
κλειστός/ή/ό	closed
κλήση (η)	summons

α	A
β	B
γ	Γ
δ	Δ
ε	E
ζ	Z
η	H
θ	Θ
ι	I
κ	K
λ	Λ
μ	M
ν	N
ξ	Ξ
ο	O
π	Π
ρ	P
σ ς	Σ
τ	T
υ	Y
φ	Φ
χ	X
ψ	Ψ
ω	Ω

Greek	English
κλίμα (το)	climate
κλινική (η)	clinic
κοινωνικός/ή/ό	social
κοινωνικές ασφαλίσεις	national insurance
Κοκκινέλι	a sweet red wine
κόκκινος/η/ο	red
κοκορέτσι (το)	stuffed lamb entrails roasted on a spit
κολοκυθάκι (το)	courgette
κολοκύθι (το)	marrow
κόλπος (ο)	gulf
κολύμπι (το)	swimming
κολώνα (η)	pillar
κομμωτήριο (το)	hairdresser's
κομμωτής/μώτρια (ο/η)	hairstylist
κομπόστα (η)	stewed fruit
κονιάκ (το)	brandy
κονσέρβα (η)	tinned fruit
κονσέρτο (το)	concert
κοντά	near
κόρη (η)	daughter
κορίτσι (το)	young girl
κόσμημα (το)	jewellery
κοσμήματα	jeweller's
κοστούμι	man's suit
κότα (η)	hen
κοτολέτα (η)	chop
κοτόπουλο (το)	chicken
κουζίνα (η)	kitchen
Κουμανταρία	a very sweet dessert wine from Cyprus

α	A
β	B
γ	Γ
δ	Δ
ε	E
ζ	Z
η	H
θ	Θ
ι	I
κ	K
λ	Λ
μ	M
ν	N
ξ	Ξ
ο	O
π	Π
ρ	P
σ ς	Σ
τ	T
υ	Y
φ	Φ
χ	X
ψ	Ψ
ω	Ω

κουνέλι (το)	rabbit
κουνούπι (το)	mosquito
κουνουπίδι (το)	cauliflower
κουπί (το)	oar
κουρείο (το)	barber's shop
κουταλάκι (το)	teaspoon
κουτάλι (το)	spoon
κουτί (το)	box
κραγιόν (το)	lipstick
κρασί (το)	wine
κρασί γλυκό	sweet wine
κρασί ερυθρό	red wine
κρασί λευκό	white wine
κρασί μαύρο	dark red wine
κρασί ξηρό	dry wine
κρασί ροζέ	rosé wine
κρατήσεις (οι)	bookings ; reservations
κρατήσεις ξενοδοχείων	hotel bookings
κράτηση (η):κράτηση θέσης	seat reservation
κρέας (το)	meat
κρέας αρνίσιο	lamb
κρέας βοδινό	beef
κρέας χοιρινό	pork
κρεββάτι (το)	bed
κρεββατοκάμαρα (η)	bedroom
κρέμα (η)	cream
κρεμμύδι (το)	onion
κρεοπωλείο (το)	butcher's shop
Κρήτη (η)	Crete
κρουαζιέρα (η)	cruise
κρουασάν (το)	croissant
κρύος/α/ο	cold

α	Α
β	Β
γ	Γ
δ	Δ
ε	Ε
ζ	Ζ
η	Η
θ	Θ
ι	Ι
κ	Κ
λ	Λ
μ	Μ
ν	Ν
ξ	Ξ
ο	Ο
π	Π
ρ	Ρ
σ ς	Σ
τ	Τ
υ	Υ
φ	Φ
χ	Χ
ψ	Ψ
ω	Ω

Greek	English
κάνει κρύο	its cold
κτηνιατρείο (το)	veterinary surgery
κυβερνήτης (ο)	captain *(of aircraft)*
Κυκλάδες (οι)	Cyclades
κυκλοφορία (η)	traffic ; circulation
κυλικείο (το)	cafeteria
Κύπρος (η)	Cyprus
Κύπριος/Κυπρία (ο/η)	from Cyprus ; Cypriot *(man/woman)*
κυρία (η)	Mrs ; lady
Κυριακή (η)	Sunday
κύριος (ο)	Mr ; gentleman
κώδικας (ο)	code
ταχυδρομικός κώδικας	postcode
τηλεφωνικός κώδικας	dialling code
λάδι (το)	oil
λαϊκός/ή/ό	popular ; folk
λαϊκή μουσική	popular music
λαϊκή τέχνη	folk art
λάστιχο (το)	tyre ; rubber ; elastic
λαχανικά (τα)	vegetables
λαχείο (το)	lottery
λεμονάδα (η)	lemon squash
λεμόνι (το)	lemon
χυμός λεμονιού	lemon juice
λεξικό (το)	dictionary
λεπτό (το)	minute
λέσχη (η)	club
λευκός/ή/ό	white
λεφτά (τα)	money

α	Α
β	Β
γ	Γ
δ	Δ
ε	Ε
ζ	Ζ
η	Η
θ	Θ
ι	Ι
κ	Κ
λ	Λ
μ	Μ
ν	Ν
ξ	Ξ
ο	Ο
π	Π
ρ	Ρ
σ ς	Σ
τ	Τ
υ	Υ
φ	Φ
χ	Χ
ψ	Ψ
ω	Ω

λεωφορείο (το)	bus
λεωφόρος (η)	avenue
λήξη (η)	expiry
λιανικός/ή/ό	retail
λιανική πώληση	retail sale
λίγος/η/ο	a few ; a little
λίγο ψημένο	rare *(meat)*
λιθρίνι (το)	grey mullet
λικέρ (το)	liqueur
λιμάνι (το)	port ; harbour
Λιμενικό Σώμα (το)	coastguard
λιμήν (ο)	port
λίρα (η)	pound
λίτρο (το)	litre
λογαριασμός (ο)	bill
λουκάνικο (το)	sausage
λουκανόπιτα (η)	sausage pie
λουκούμι (το)	Turkish delight
λουτρό (το)	bathroom ; bath
λύσσα (η)	rabies
μαγαζί (το)	shop
μαγειρεύω	to cook
μαγιό (το)	swimsuit
Μάιος (ο)	May
μαϊντανός (ο)	parsley
μακαρόνια (τα)	macaroni
μακαρόνια παστίτσιο	macaroni with minced meat and white sauce
Μαλβοίσια	a red wine from Sparta

α	A
β	B
γ	Γ
δ	Δ
ε	E
ζ	Z
η	H
θ	Θ
ι	I
κ	K
λ	Λ
μ	M
ν	N
ξ	Ξ
ο	O
π	Π
ρ	P
σ ς	Σ
τ	T
υ	Y
φ	Φ
χ	X
ψ	Ψ
ω	Ω

μάλιστα	yes
μαλλί (το)	wool
μαλλιά (τα)	hair
μάλλινος/η/ο	woollen
μαμά (η)	mum
μανιτάρι (το)	mushroom
μανταρίνι (το)	tangerine
μαντήλι (το)	handkerchief
Μάντικο	a dry red wine from Crete
μαξιλάρι (το)	pillow ; cushion
μαργαρίνη (η)	margarine
μαργαριτάρι (το)	pearl
μάρμαρο (το)	marble
μαρμελάδα (η)	jam
μαρούλι (το)	lettuce
Μάρτιος (ο)	March
μαύρος/η/ο	black
μαχαίρι (το)	knife
μαχαιροπήρουνα (τα)	cutlery
με	with
μεγάλος/η/ο	large ; big
μέγαρο (το)	palace ; large block of offices and apartments
μέγεθος (το)	size
μεζεδάκια (τα)	selection of appetizers and salads served as a starter
μέλι (το)	honey
μελιτζάνα (η)	aubergine

α	A
β	B
γ	Γ
δ	Δ
ε	E
ζ	Z
η	H
θ	Θ
ι	I
κ	K
λ	Λ
μ	M
ν	N
ξ	Ξ
ο	O
π	Π
ρ	P
σ ς	Σ
τ	T
υ	Y
φ	Φ
χ	X
ψ	Ψ
ω	Ω

Greek	English		
μέλος (το)	member	α	Α
μενού (το)	menu	β	Β
μέρα (η)	day	γ	Γ
μερίδα (η)	portion	δ	Δ
μέσα	in ; inside	ε	Ε
μεσάνυκτα (τα)	midnight		
μεσημέρι (το)	midday	ζ	Ζ
Μεσόγειος (η)	Mediterranean Sea	η	Η
μέσω	via	θ	Θ
μετά	after	ι	Ι
μετάξι (το)	silk		
μεταξύ	between ; among	κ	Κ
εν τω μεταξύ	meanwhile	λ	Λ
μεταφράζω	to translate	μ	Μ
μεταχειρισμένος/η/ο	used ; second-hand		
μετεωρολογικός σταθμός (ο)	weather centre	ν	Ν
μετρητά (τα)	cash	ξ	Ξ
μετρό (το)	underground (railway)	ο	Ο
μη	do not		
μη καπνίζετε	no smoking	π	Π
μην κόπτετε άνθη	do not pick flowers	ρ	Ρ
μην πατάτε το πράσινο	keep off the grass	σ ς	Σ
μη ρίπτετε σκουπίδια	no dumping (rubbish)		
μη σταθμεύετε	no parking	τ	Τ
μηδέν	zero	υ	Υ
μήλο (το)	apple	φ	Φ
μηλόπιτα (η)	apple pie		
μήνας (ο)	month	χ	Χ
μήνας του μέλιτος	honeymoon	ψ	Ψ
μητέρα (η)	mother	ω	Ω
μηχανή (η)	machine ; engine		
μηχανικός (ο)	mechanic ; engineer		

μια	a(n) ; one (with fem. nouns)
μικρός/ή/ό	small
μόδα (η)	fashion
μολύβι (το)	pencil
μόλυνση (η)	infection
μοναστήρι (το)	monastery
μονόδρομος (ο)	one-way street
μονοπάτι (το)	path
μόνος/η/ο	alone ; only
μόνο είσοδος/έξοδος	entrance/exit only
μονός/ή/ό	single
Μόντε Χρήστος	a sweet red wine from Cyprus
μοσχάρι (το)	calf ; veal
μοσχάρι κρασάτο	veal cooked in wine
μοσχάρι ψητό	roast veal
μοτοσικλέτα (η)	motorcycle
μουσείο (το)	museum
Αρχαιολογικό Μουσείο	Archaeological Museum
Μουσείο Λαϊκής Τέχνης	Folk Museum
μουσική (η)	music
μουστάρδα (η)	mustard
μπακάλης (ο)	grocer
μπακλαβάς (ο)	a sweet made of flaky pastry stuffed with almonds and syrup
μπαμπάς (ο)	dad
μπανάνα (η)	banana
μπάνιο (το)	bathroom ; bath
μπαρμπούνι (το)	red mullet
μπαταρία (η)	battery
μπέικον (το)	bacon

α	A
β	B
γ	Γ
δ	Δ
ε	E
ζ	Z
η	H
θ	Θ
ι	I
κ	K
λ	Λ
μ	M
ν	N
ξ	Ξ
ο	O
π	Π
ρ	P
σ ς	Σ
τ	T
υ	Y
φ	Φ
χ	X
ψ	Ψ
ω	Ω

Greek	English
μπιζέλι (το)	pea
μπισκότο (το)	biscuit
μπιφτέκι (το)	steak
μπλούζα (η)	blouse
μπουζούκι (το)	bouzouki
μπουκάλι (το)	bottle
μεγάλο μπουκάλι	large bottle
μικρό μπουκάλι	half-bottle
μπουρνούζι (το)	bathrobe
μπριζόλα (η)	chop
μπίρα (η)	beer
Μυκήναι	Mycenae
μύτη (η)	nose
μωρό (το)	baby
για μωρά	for babies
μωσαϊκό (το)	mosaic
ναι	yes
ναός (ο)	temple ; church
καθεδρικός ναός	cathedral
ναύλο (το)	fare
νάυλον	nylon
ναυλωμένος/η/ο	chartered
ναυλωμένη πτήση	charter flight
ναυτία (η)	travel sickness
ναυτικός όμιλος (ο)	sailing club
ναυτιλιακά	yacht chandler
νεκροταφείο (το)	cemetery
νεοελληνικά (τα)	Modern Greek
νερό (το)	water
επιτραπέζιο νερό	still mineral water

α	A
β	B
γ	Γ
δ	Δ
ε	E
ζ	Z
η	H
θ	Θ
ι	I
κ	K
λ	Λ
μ	M
ν	N
ξ	Ξ
ο	O
π	Π
ρ	P
σ ς	Σ
τ	T
υ	Y
φ	Φ
χ	X
ψ	Ψ
ω	Ω

Greek	English
μεταλλικό νερό	**fizzy mineral water**
πόσιμο νερό	**drinking water**
νεφρός (ο)	**kidney**
νεωτερισμός (ο)	**improvement ; novelty**
νηπιαγωγείο (το)	**nursery school**
νησί (το)	**island**
νησίδα (η)	**traffic island**
νίκη (η)	**victory**
Νοέμβριος (ο)	**November**
νοίκι (το)	**rent**
νόμισμα (το)	**coin**
επιστροφή νομισμάτων	**returned coins**
νομισματοδέχτης (ο)	**coin-operated phone**
νοσοκομείο (το)	**hospital**
νοσοκόμος/α (ο/η)	**nurse**
νότος (ο)	**south**
ντολμαδάκια (τα)	**stuffed vine leaves**
ντομάτα (η)	**tomato**
ντουζίνα (η)	**dozen**
ντους (το)	**shower** (in bath)
νύκτα/νύχτα (η)	**night**
νυκτερινός/ή/ό	**all-night** (chemists, etc)
ξεναγός (ο/η)	**guide**
ξενοδοχείο (το)	**hotel**
κρατήσεις ξενοδοχείων	**hotel reservations**
ξένος/η/ο	**strange ; foreign**
ξένος/η (ο/η)	**foreigner ; visitor**
ξενώνας (ο)	**guesthouse**
ξεπούλημα (το)	**sale**

α	A
β	B
γ	Γ
δ	Δ
ε	E
ζ	Z
η	H
θ	Θ
ι	I
κ	K
λ	Λ
μ	M
ν	N
ξ	Ξ
ο	O
π	Π
ρ	P
σ ς	Σ
τ	T
υ	Y
φ	Φ
χ	X
ψ	Ψ
ω	Ω

219

ξηρός/ή/ό	dry
ξηροί καρποί	dried fruit and nuts
ξιφίας (ο)	swordfish
ξύδι (το)	vinegar
ξυριστική μηχανή (η)	safety razor
οδηγία (η)	instruction
οδηγίες χρήσεως	instructions for use
οδηγός (ο)	driver ; guidebook
οδηγώ	to drive
οδική βοήθεια (η)	breakdown service
οδοντιατρείο (το)	dental surgery
οδοντίατρος (ο/η)	dentist
οδοντόβουρτσα (η)	toothbrush
οδοντόπαστα (η)	toothpaste
οδοντοστοιχία (η)	denture(s)
οδός (η)	road ; street
Οθέλλος	a medium-dry red wine from Cyprus
οικογένεια (η)	family
οικονομική θέση (η)	economy class
οίκος (ο)	house
οίκος μόδας	fashion house
οινομαγειρείον (το)	licensed restaurant
οινοπνευματώδη ποτά (τα)	spirits
οίνος (ο)	wine
οκτώ/οχτώ	eight
Οκτώβριος (ο)	October
ολισθηρόν οδόστρωμα (το)	slippery road surface
όλος/η/ο	all of

α	A
β	B
γ	Γ
δ	Δ
ε	E
ζ	Z
η	H
θ	Θ
ι	I
κ	K
λ	Λ
μ	M
ν	N
ξ	Ξ
ο	O
π	Π
ρ	P
σ ς	Σ
τ	T
υ	Y
φ	Φ
χ	X
ψ	Ψ
ω	Ω

Ολυμπία (η)	Olympia
ολυμπιακός/ή/ό	Olympic
Ολυμπιακή Αεροπορία	Olympic Airways
Ολυμπιακό Στάδιο	Olympic stadium
Ολυμπιακοί Αγώνες	Olympic games
Όλυμπος (ο)	Mount Olympus
ομελέτα (η)	omelette
όμιλος (ο)	club
ναυτικός όμιλος	sailing club
ομπρέλα (η)	umbrella
όνομα (το)	name
ονοματεπώνυμο (το)	full name
όπερα (η)	opera
οπτικός οίκος (ο)	optician
οργανισμός (ο)	organization
Οργανισμός Σιδηροδρόμων Ελλάδος	Greek Railways
οργανωμένος/η/ο	organized
οργανωμένα ταξίδια	organized tours
ορεκτικό (το)	starter
όρεξη (η)	appetite
καλή όρεξη	enjoy your meal!
ορθόδοξος/η/ο	orthodox
όρος (ο)	condition
όροι ενοικιάσεως	conditions of hire
όρος (το)	mountain
όροφος (ο)	floor ; storey
OTE	Greek Telecom
ουδέν:ουδέν προς δήλωση	nothing to declare
ούζο (το)	ouzo
ουρά (η)	tail ; queue
όχι	no

α	A
β	B
γ	Γ
δ	Δ
ε	E
ζ	Z
η	H
θ	Θ
ι	I
κ	K
λ	Λ
μ	M
ν	N
ξ	Ξ
ο	O
π	Π
ρ	P
σ ς	Σ
τ	T
υ	Y
φ	Φ
χ	X
ψ	Ψ
ω	Ω

παγάκι (το)	ice cube
παϊδάκι (το)	lamb chop
πάγος (ο)	ice
παγωμένος/η/ο	frozen
παγωτό (το)	ice cream
παιδικός/ή/ό	for children
παιδικά	childrens wear
παιδικός σταθμός	crèche
πακέτο (το)	parcel ; packet
Παλλήνη	a white wine from Attica
παλτό (το)	coat
πάνα (η)	nappy
Παναγία (η)	the Virgin Mary
πανεπιστήμιο (το)	university
πανσιόν (η)	guesthouse
πάντοτε	always
παντελόνι (το)	trousers
παντοπωλείο (το)	grocer's
παπάς (ο)	priest
πάπλωμα (το)	duvet
παππούς (ο)	grandfather
παπούτσι (το)	shoe
παραγγελία (η)	order
παραγωγή (η)	production
Ελληνικής παραγωγής	produce of Greece
παράθυρο (το)	window
παρακαλώ	please
παρακαμπτήριος (ο)	by-pass
παραλία (η)	seashore
Παρασκευή (η)	Friday

α	Α
β	Β
γ	Γ
δ	Δ
ε	Ε
ζ	Ζ
η	Η
θ	Θ
ι	Ι
κ	Κ
λ	Λ
μ	Μ
ν	Ν
ξ	Ξ
ο	Ο
π	Π
ρ	Ρ
σ ς	Σ
τ	Τ
υ	Υ
φ	Φ
χ	Χ
ψ	Ψ
ω	Ω

Greek	English
παράσταση (η)	performance
Παρθενών/ώνας (ο)	the Parthenon
πάρκο (το)	park
παρμπρίζ (το)	windscreen
πάστα (η)	pastry
παστέλι (το)	honey and sesame seed bar
Πάσχα (το)	Easter
πατάτα (η)	potato
πατάτες πουρέ	creamed potatoes
πατάτες τηγανητές	chips
πατάτες φούρνου	roast potatoes
πατέρας (ο)	father
παυσίπονο (το)	painkiller
πέδιλα (τα)	sandals
πεζοδρόμιο (το)	pavement
πεζόδρομος (ο)	pedestrian area
πεζός (ο)	pedestrian
Πειραιάς/Πειραιεύς (ο)	Piraeus
πελάτης/τρια (ο/η)	customer
Πελοπόννησος (η)	Peloponnese
Πέμπτη (η)	Thursday
πένα (η)	pen ; pence
πέντε	five
Πεντέλη	a medium-dry red wine
πεπόνι (το)	melon
περιοδικό (το)	magazine
περιοχή (η)	area
περίπατος (ο)	walk
περίπτερο (το)	kiosk
περιστέρι (το)	pigeon ; dove

α	A
β	B
γ	Γ
δ	Δ
ε	E
ζ	Z
η	H
θ	Θ
ι	I
κ	K
λ	Λ
μ	M
ν	N
ξ	Ξ
ο	O
π	Π
ρ	P
σ ς	Σ
τ	T
υ	Y
φ	Φ
χ	X
ψ	Ψ
ω	Ω

πετρέλαιο (το)	diesel fuel
πετσέτα (η)	napkin ; towel
πεύκο (το)	pine tree
πηγαίνω	to go
πιάτο (το)	plate
πιέσατε	push
πίεση (η)	pressure
πιλάφι (το)	pilau *(rice dish)*
πιλότος (ο)	pilot
πινακίδα (η)	sign ; number plate
πινακίδα κυκλοφορίας	number plate
προστατεύετε τας πινακίδας	do not deface signs
πινακοθήκη (η)	art gallery
πίπα (η)	pipe
πιπέρι(το)	pepper
πιπεριές γεμιστές	stuffed peppers
πισίνα (η)	swimming pool
πιστοποιητικό (το)	certificate
πιστωτική κάρτα (η)	credit card
πίσω	behind ; back
πίτα (η)	pie
πιτζάμες (οι)	pyjamas
πίτσα (η)	pizza
πιτσαρία (η)	pizzeria
πλαζ (η)	beach
πλάι	next to
πλατεία (η)	square
πλατίνες (οι)	points *(in car)*
πλεκτά (τα)	knitwear
πληροφορίες (οι)	information
πληροφορίες δρομολογίων	travel information

α	A
β	B
γ	Γ
δ	Δ
ε	E
ζ	Z
η	H
θ	Θ
ι	I
κ	K
λ	Λ
μ	M
ν	N
ξ	Ξ
ο	O
π	Π
ρ	P
σ ς	Σ
τ	T
υ	Y
φ	Φ
χ	X
ψ	Ψ
ω	Ω

πλήρωμα (το)	crew
τα μέλη του πληρώματος	crew members
πληρωμή (η)	payment
ευκολίες πληρωμής	credit facilities
προς πληρωμή	insert money
πληρώνω	to pay
πλοίο (το)	ship
πλυντήριο (το)	washing machine
πλυντήριο αυτοκινήτων	car wash
πλύσιμο (το)	wash(ing)
πλύσιμο αυτοκινήτων	car wash
ποδήλατο (το)	bicycle
ποδήλατο της θάλασσας	pedalo
ποδηλάται (οι)	cyclists
πόδι (το)	foot ; leg
ποδόσφαιρο (το)	football
πόληη/ις (η)	town
πολυκατάστημα (το)	department store
πολυκατοικία (η)	block of flats
πολύς/πολλή/πολύ	many ; much
πονόδοντος (ο)	toothache
πονοκέφαλος (ο)	headache
πονόλαιμος (ο)	sore throat
πόνος (ο)	pain
πόρτα (η)	door
πορτοκαλάδα (η)	orange squash
πορτοκάλι (το)	orange
χυμός πορτοκαλιού	orange juice
πορτοφόλι (το)	wallet
πόσα;	how many?
πόσο;	how much?
πόσο κάνει;	how much is it?

α	Α
β	Β
γ	Γ
δ	Δ
ε	Ε
ζ	Ζ
η	Η
θ	Θ
ι	Ι
κ	Κ
λ	Λ
μ	Μ
ν	Ν
ξ	Ξ
ο	Ο
π	Π
ρ	Ρ
σ ς	Σ
τ	Τ
υ	Υ
φ	Φ
χ	Χ
ψ	Ψ
ω	Ω

ποσοστό (το)	**rate ; percentage**
ποσοστό υπηρεσίας	**service charge**
συμπεριλαμβανομένου	**service included**
ποσοστού υπηρεσίας	
ποσότητα (η)	**quantity**
πότε;	**when?**
ποτέ	**never**
ποτήρι (το)	**glass** (for drinking)
ποτό (το)	**drink**
πού;	**where?**
πουκάμισο (το)	**shirt**
πούλμαν (το)	**coach**
πουρμπουάρ (το)	**tip** (to waiter, etc)
πούρο (το)	**cigar**
πράκτορας (ο)	**agent**
πρακτορείο (το)	**agency**
πράσινος/η/ο	**green**
πρατήριο (το)	**specialist shop**
πρατήριο βενζίνης	**petrol station**
πρατήριο άρτου	**baker's**
πρεσβεία (η)	**embassy**
πρίζα (η)	**plug ; socket**
πριν	**before**
προβολέας (ο)	**headlight**
πρόγευμα (το)	**breakfast**
πρόγραμμα (το)	**programme**
πρόεδρος (ο)	**president**
προεδρικό μέγαρο	**presidential palace**
προειδοποίηση (η)	**warning**
προέλευση (η)	**embarkation point**
προϊόν (το)	**product**
Ελληνικό προϊόν	**product of Greece**

α	Α
β	Β
γ	Γ
δ	Δ
ε	Ε
ζ	Ζ
η	Η
θ	Θ
ι	Ι
κ	Κ
λ	Λ
μ	Μ
ν	Ν
ξ	Ξ
ο	Ο
π	Π
ρ	Ρ
σ ς	Σ
τ	Τ
υ	Υ
φ	Φ
χ	Χ
ψ	Ψ
ω	Ω

προκαταβολή (η)	deposit
προκρατήσεις (οι)	advance bookings
προξενείο (το)	consulate
πρόξενος (ο)	consul
προορισμός (ο)	destination
προπληρώνω	to pay in advance
Προ-πο	Greek football pools
προσγείωση (η)	landing
προσδεθείτε	fasten safety belts
πρόσκληση (η)	invitation
προσοχή (η)	attention
πρόστιμο (το)	fine
πρόχειρος/η/ο	handy ; impromptu
πρόχειρο φαγητό	snack
πρωί (το)	morning
πρωινός/ή/ό	morning
πρωινό (το)	breakfast
πρωτεύουσα (η)	capital city
πρωτομαγιά (η)	May Day
πρώτος/η/ο	first
πρώτες βοήθειες	casualty (hospital)
πρώτη θέση	first class
πρωτοχρονιά (η)	New Years Day
πτήση (η)	flight
πτήσεις εξωτερικού	international flights
πτήσεις εσωτερικού	domestic flights
αριθμός πτήσης	flight number
ναυλωμένη πτήση	charter flight
τακτικές πτήσεις	scheduled flights
πυρκαγιά (η)	fire
πυροσβεστήρας (ο)	fire extinguisher
πυροσβέστης (ο)	fireman

α	A
β	B
γ	Γ
δ	Δ
ε	E
ζ	Z
η	H
θ	Θ
ι	I
κ	K
λ	Λ
μ	M
ν	N
ξ	Ξ
ο	O
π	Π
ρ	P
σ ς	Σ
τ	T
υ	Y
φ	Φ
χ	X
ψ	Ψ
ω	Ω

πυροσβεστική (η)	fire brigade
πυροσβεστική υπηρεσία	fire brigade
πυροσβεστικός σταθμός	fire station
πώληση (η)	sale
λιανική πώληση	retail sale
χονδρική πώληση	wholesale
πωλητής/ήτρια(ο/η)	sales assistant
πωλώ	to sell
πωλείται, πωλούνται	for sale
πώς;	how?
ρεζέρβα (η)	spare wheel
ρέστα (τα)	change (money)
ρετσίνα (η)	retsina
ρεύμα (το)	current
ρόδα (η)	wheel
ροδάκινο (το)	peach
ρόδι (το)	pomegranate
Ρόδος (η)	Rhodes
ρολόι (το)	watch ; clock
ρούμι (το)	rum
ρύζι (το)	rice
ρυμουλκώ	to tow away
Σάββατο (το)	Saturday
Σαββατοκύριακο (το)	weekend
σακάκι (το)	jacket (menswear)
σαλάμι (το)	salami
σαλάτα (η)	salad

α	A
β	B
γ	Γ
δ	Δ
ε	E
ζ	Z
η	H
θ	Θ
ι	I
κ	K
λ	Λ
μ	M
ν	N
ξ	Ξ
ο	O
π	Π
ρ	P
σ ς	Σ
τ	T
υ	Y
φ	Φ
χ	X
ψ	Ψ
ω	Ω

σαλιγκάρι (το)	snail
σάλτσα (η)	sauce
Σάμος (η)	**Samos** *(island)*
σαμπάνια (η)	champagne
σαμπουάν (το)	shampoo
σάντουιτς (το)	sandwich
σαπούνι (το)	soap
σβήνω	to extinguish
σβήσατε τα τσιγάρα σας	extinguish cigarettes
Σεπτέμβριος (ο)	September
σέρβις (το)	service
σεφ(ο)	chef
σήμα (το)	sign ; signal
σήμα κατατεθέν	trademark
σήμα κινδύνου	emergency signal
σήμερα	today
σιγά	slowly
σιγή (η)	silence
σιδηρόδρομος (ο)	train ; railway
σιδηροδρομικός σταθμός	railway station
σιδηροδρομικώς	by rail
σιεφταλιά (η)	spicy meat kebab
σκάλα (η)	ladder ; staircase
σκαλί (το)	step
σκάφος (το)	vessel
στο σκάφος	on board
φουσκωτά σκάφη	inflatable boats
σκέτος/η/ο	plain
ένας καφές σκέτος	strong black coffee
σκηνή (η)	tent ; stage
σκι (το)	ski
θαλάσσιο σκι	water-skiing

α	Α
β	Β
γ	Γ
δ	Δ
ε	Ε
ζ	Ζ
η	Η
θ	Θ
ι	Ι
κ	Κ
λ	Λ
μ	Μ
ν	Ν
ξ	Ξ
ο	Ο
π	Π
ρ	Ρ
σ ς	Σ
τ	Τ
υ	Υ
φ	Φ
χ	Χ
ψ	Ψ
ω	Ω

Greek	English
σκοινί (το)	rope
σκορδαλιά (η)	garlic sauce
σκόρδο (ο)	garlic
σκουπίδι (το)	rubbish ; refuse
σκυλί (το)	dog
Σκωτία (η)	Scotland
σόδα (η)	soda
σοκολάτα (η)	chocolate
σολομός (ο)	salmon
σόμπα (η)	heater
σούβλα (η)	skewer ; lamb cooked on skewer on charcoal
σουβλάκι (το)	kebab
σούπα (η)	soup
σουπεραγορά (η)	supermarket
σοφέρ(ο)	chauffeur
σπανάκι (το)	spinach
σπανακόπιτα (η)	spinach pie
σπαράγγι (το)	asparagus
σπεσιαλιτέ της κουζίνας	todays special dish
σπίρτο (το)	match
σπίτι (το)	house
σπορ (τα)	sports
σπρώξτε	push
στάδιο (το)	stadium
στάθμευση/σις (η)	parking
στάθμευση αυτοκινήτων	car parking
ανώτατος χρόνος σταθμεύσεως	maximum parking time
απαγορεύεται η στάθμευση	no parking
μη σταθμεύετε	no parking
χώρος σταθμεύσεως	parking area

α	A
β	B
γ	Γ
δ	Δ
ε	E
ζ	Z
η	H
θ	Θ
ι	I
κ	K
λ	Λ
μ	M
ν	N
ξ	Ξ
ο	O
π	Π
ρ	P
σ ς	Σ
τ	T
υ	Y
φ	Φ
χ	X
ψ	Ψ
ω	Ω

σταθμός (ο)	station
πυροσβεστικός σταθμός	fire station
σιδηροδρομικός σταθμός	railway station
στάση/σις (η)	stop
στάση εργασίας	strike
στάσις ΗΛΠΑΠ	trolley bus stop
στάση λεωφορείου	bus stop
σταυροδρόμι (το)	crossroads
σταφίδα (η)	raisin
σταφύλι (το)	grapes
στεγνοκαθαριστήριο (το)	dry-cleaner's
στιγμή (η)	moment
στιγμιαίος καφές (ο)	instant coffee
στιφάδο (το)	beef stew with onions
στοά (η)	arcade
στροφή (η)	turn ; bend
στρώμα (το)	mattress
συγγνώμη	sorry
συγκοινωνία (η)	transport
συγχαρητήρια	congratulations
συγχωρώ:με συγχωρείτε	excuse me
σύζυγος (ο/η)	husband/wife
σύκο (το)	fig
συκώτι (το)	liver
συμπεριλαμβάνω	to include
συμπλέκτης (ο)	clutch (of car)
συμπληρώνω	to fill in
σύμπτωμα (το)	symptom
συμφωνία (η)	agreement
συνάλλαγμα (το)	foreign exchange
δήλωση συναλλάγματος	currency declaration
η τιμή του συναλλάγματος	exchange rate

α	Α
β	Β
γ	Γ
δ	Δ
ε	Ε
ζ	Ζ
η	Η
θ	Θ
ι	Ι
κ	Κ
λ	Λ
μ	Μ
ν	Ν
ξ	Ξ
ο	Ο
π	Π
ρ	Ρ
σ ς	Σ
τ	Τ
υ	Υ
φ	Φ
χ	Χ
ψ	Ψ
ω	Ω

συνάντηση (η)	meeting
συναυλία (η)	concert
συνεργείο (το)	workshop
συνεργείο αυτοκινήτων	car repairs
σύνθεση (η)	ingredients
σύνολο (το)	total
σύνορα (τα)	border ; frontier
συνταγή (η)	prescription ; recipe
σύνταγμα (το)	constitution
συντηρητικά (τα)	preservatives
σύρατε	pull
σύστημα κλιματισμού (το)	air conditioning
συστημένη επιστολή (η)	registered letter
συχνά	often
σφράγισμα (το)	filling *(in tooth)*
σχηματίζω	to form
σχηματίστε τον αριθμό	dial the number
σχολείο (το)	school
σχολή (η)	school
σχολή οδηγών	driving school
σώμα (το)	body
σωσίβιο (το)	life jacket
ταβέρνα (η)	tavern
ταινία (η)	film ; strip ; tape
ταμείο (το)	cash desk ; till
ταμίας (ο/η)	cashier
ταμιευτήριο (το)	savings bank

α	Α
β	Β
γ	Γ
δ	Δ
ε	Ε
ζ	Ζ
η	Η
θ	Θ
ι	Ι
κ	Κ
λ	Λ
μ	Μ
ν	Ν
ξ	Ξ
ο	Ο
π	Π
ρ	Ρ
σ ς	Σ
τ	Τ
υ	Υ
φ	Φ
χ	Χ
ψ	Ψ
ω	Ω

ταξί (το)	taxi
αγοραίο ταξί	minicab *(no meter)*
γραφείο ταξί	taxi office
ταξίδι (το)	journey ; tour
καλό ταξίδι	bon voyage
ταξιδιωτικό γραφείο	travel agent
οργανωμένα ταξίδια	organized tours
ταξιθέτης/τρια (ο/η)	theatre attendant
ταραμοσαλάτα (η)	taramosalata
ταυτότητα (η)	identity
ταχεία (η)	express train
ταχυδρομείο (το)	post office
Ελληνικά Ταχυδρομεία	Greek Post Office
ταχυδρομικά (τέλη)	postage
ταχυδρομικές επιταγές	postal orders
ταχυδρομικός κώδικας	postcode
ταχυδρομικώς	by post
ταχύμετρο (το)	speedometer
ταχύτητα/ταχύτης (η)	speed
κιβώτιο ταχυτήτων	gearbox
τελευταίος/α/ο	last
τέλεφαξ (το)	fax
τέλος (το)	end ; tax ; duty
ταχυδρομικά τέλη	postage
τελωνείο (το)	customs
τένις (το)	tennis
τέντα (η)	tent
τέρμα (το)	terminus
τέρμιναλ (το)	terminal
τέσσερα	four *(with neuter nouns)*
τέσσερις	four *(with masc. and fem. nouns)*
Τετάρτη (η)	Wednesday

α	A
β	B
γ	Γ
δ	Δ
ε	E
ζ	Z
η	H
θ	Θ
ι	I
κ	K
λ	Λ
μ	M
ν	N
ξ	Ξ
ο	O
π	Π
ρ	P
σ ς	Σ
τ	T
υ	Y
φ	Φ
χ	X
ψ	Ψ
ω	Ω

τέχνη (η)	art
λαϊκή τέχνη	folk art
τεχνητώς κεχρωσμένο	artificial colourings
τζαμί (το)	mosque
τζατζίκι (το)	tsatsiki *(yoghurt, cucumber and garlic)*
τηγανίτα (η)	pancake
τηλεγραφείο (το)	telegraph office
τηλεγράφημα (το)	telegram
τηλεόραση (η)	television
τηλεπικοινωνίες (οι)	telecommunications
τηλεφώνημα (το)	telephone call
τηλέφωνο (το)	telephone
τηλεφωνικός κατάλογος	telephone directory
τηλεφωνικός κώδικας	dialling code
τι;	what?
τι είναι;	what is it?
τιμή (η)	price ; honour
τιμή εισιτηρίου	price of ticket ; fare
τιμοκατάλογος (ο)	price list
τιμολόγιο (το)	invoice
τιμόνι (το)	steering wheel
τιμωρώ	to punish
τίποτα	nothing
τμήμα (το)	department ; police station
το	it ; the *(with neuter nouns)*
τοιχοκόλληση (η)	bill posting
τόκος (ο)	interest *(bank)*
τόνικ (το)	tonic
τόνος (ο)	ton ; tuna fish
τοστ (το)	toasted sandwich

α	A
β	B
γ	Γ
δ	Δ
ε	E
ζ	Z
η	H
θ	Θ
ι	I
κ	K
λ	Λ
μ	M
ν	N
ξ	Ξ
ο	O
π	Π
ρ	P
σ ς	Σ
τ	T
υ	Y
φ	Φ
χ	X
ψ	Ψ
ω	Ω

Greek	English
τουαλέτα (η)	**bathroom ; toilet**
τουρισμός (ο)	**tourism**
τουρίστας/στρια (ο/η)	**tourist**
τουριστικός/ή/ό	**tourist**
τουριστικά είδη	**souvenirs**
τουριστική αστυνομία	**Tourist Police**
Τουρκία (η)	**Turkey**
τραγούδι (το)	**song**
τραγωδία (η)	**tragedy**
τράπεζα (η)	**bank**
τραπεζαρία (η)	**dining room**
τραπέζι (το)	**table**
τρεις	**three** *(with masc. and fem. nouns)*
τρένο (το)	**train**
τρία	**three** *(with neuter nouns)*
Τρίτη (η)	**Tuesday**
τρίτος/η/ο	**third**
τρόλεϋ (το)	**trolley bus**
τροφή (η)	**food**
τροχαία (η)	**traffic police**
τροχός (ο)	**wheel**
τροχόσπιτο (το)	**caravan**
τροχοφόρο (το)	**vehicle**
τρώγω/τρώω	**to eat**
τσάι (το)	**tea**
τσάντα (η)	**bag**
τσιγάρο (το)	**cigarette**
τυρί (το)	**cheese**
τυρόπιτα (η)	**cheese pie**
τυφλός/ή/ό	**blind**

α	A
β	B
γ	Γ
δ	Δ
ε	E
ζ	Z
η	H
θ	Θ
ι	I
κ	K
λ	Λ
μ	M
ν	N
ξ	Ξ
ο	O
π	Π
ρ	P
σ ς	Σ
τ	T
υ	Y
φ	Φ
χ	X
ψ	Ψ
ω	Ω

υγεία (η)	health
στην υγειά σας	your health ; cheers
υγειονομικός έλεγχος (ο)	health inspection
Ύδρα (η)	Hydra
ύδωρ (το)	water
Υμηττός (ο)	Mount Hymettos
υπεραγορά (η)	supermarket
υπεραστικό λεωφορείο (το)	long-distance coach
υπερωκεάνειο (το)	liner
υπήκοος (ο/η)	citizen
υπηκότης/υπηκοότητα (η)	nationality
υπηρεσία (η)	service
ποσοστό υπηρεσίας	service charge
υπηρέτης (ο)	servant
υπηρέτρια (η)	maid
υπόγειος/α/ο	underground
υπόγεια διάβαση πεζών	pedestrian subway
υπόγειος σιδηρόδρομος	underground (railway)
υποδοχή (η)	reception
χώρος υποδοχής	reception area
υπολογιστής (ο)	computer
υποκατάστημα (το)	branch office
υπουργείο (το)	ministry
υψηλός/ή/ό	high
υψηλή τάση	high voltage
ύφασμα (το)	fabric ; cloth
υφάσματα	textiles
υφάσματα επιπλώσεων	upholstery fabrics
ύψος (το)	height
ύψος περιορισμένο	height limit

α	A
β	B
γ	Γ
δ	Δ
ε	E
ζ	Z
η	H
θ	Θ
ι	I
κ	K
λ	Λ
μ	M
ν	N
ξ	Ξ
ο	O
π	Π
ρ	P
σς	Σ
τ	T
υ	Y
φ	Φ
χ	X
ψ	Ψ
ω	Ω

φαγητό (το)	food
φαΐ (το)	food
φακός (ο)	lens
φακοί επαφής	contact lenses
φανός (ο)	torch
φαξ (το)	fax
φαρμακείο (το)	chemist's
φαρμάκι (το)	poison
φάρμακο (το)	medicine
φάρος (ο)	lighthouse
φασολάδα (η)	boiled haricot beans
φασολάκι (το)	green bean
φασόλι (το)	haricot bean
φέριμποτ (το)	ferry boat
φέτα (η)	feta cheese ; slice
φιλενάδα (η)	girlfriend ; mistress
φιλέτο (το)	fillet of meat
φιλμ (το)	film
εμφανίσεις φιλμ	film developing
φιλοδώρημα (το)	tip
φιλοδώρημα περιποιητού	service charge
φίλος/η (ο/η)	friend
φίλτρο (το)	filter
φίλτρο αέρος	air filter
φίλτρο λαδιού	oil filter
φιστίκι (το)	peanut
φιστίκια Αιγίνης	pistachio nuts
φλας (το)	flash *(camera)*
φοιτητής/τρια (ο,η)	student
φοιτητικό εισιτήριο (το)	student fare
φόρεμα (το)	dress
φορολογημένα είδη	duty-paid goods

α	A
β	B
γ	Γ
δ	Δ
ε	E
ζ	Z
η	H
θ	Θ
ι	I
κ	K
λ	Λ
μ	M
ν	N
ξ	Ξ
ο	O
π	Π
ρ	P
σ ς	Σ
τ	T
υ	Y
φ	Φ
χ	X
ψ	Ψ
ω	Ω

φόρος (ο)	tax
συμπεριλαμβανομένων φόρων	including taxes
φουντούκι (το)	hazelnut
φουρνάρικο (το)	bakery
φούρνος (ο)	oven
φουσκωτά σκάφη (τα)	inflatable boats
ΦΠΑ (ο)	VAT
φράουλα (η)	strawberry
φρένο (το)	brake (in car)
φρέσκος/ια/ο	fresh
φρούτο (το)	fruit
φρουτοσαλάτα (η)	fruit salad
φύλακας (ο)	guard
φυτό (το)	plant
φως (το)	light
φωτιά (η)	fire
φωτογραφία (η)	photograph
έγχρωμες φωτογραφίες	colour photographs
φωτογραφίζω	to take photographs
μη φωτογραφίζετε	no photographs
φωτογραφική μηχανή (η)	camera
φωτοτυπία (η)	photocopy
χαίρετε	hello
χάπι (το)	pill
χάρτης (ο)	map
οδικός χάρτης	road map
χαρτί (το)	paper
χαρτικά (τα)	stationery

α	A
β	B
γ	Γ
δ	Δ
ε	E
ζ	Z
η	H
θ	Θ
ι	I
κ	K
λ	Λ
μ	M
ν	N
ξ	Ξ
ο	O
π	Π
ρ	P
σ ς	Σ
τ	T
υ	Y
φ	Φ
χ	X
ψ	Ψ
ω	Ω

χαρτονόμισμα (το)	**note** (money)
χαρτοπωλείο (το)	**stationer's shop**
χασάπικο (το)	**butcher's shop**
χειροποίητος/η/ο	**handmade**
χειρούργος (ο)	**surgeon**
χειρόφρενο (το)	**handbrake**
χέρι (το)	**hand**
χιλιόμετρο (το)	**kilometre**
χιόνι (το)	**snow**
χοιρινό (το)	**pork**
χορός (ο)	**dance**
χορτοφάγος (ο/η)	**vegetarian**
χορωδία (η)	**choir**
χουρμάς (ο)	**date** (fruit)
χρήματα (τα)	**money**
χρηματοκιβώτιο (το)	**safe** (for valuables)
χρήση (η)	**use**
οδηγίες χρήσεως	**instructions for use**
χριστιανός/ή	**Christian**
Χριστούγεννα (τα)	**Christmas**
χρόνος (ο)	**time ; year**
χρυσαφικά (τα)	**jewellery**
χρυσός/ή/ό	**(made of) gold**
Χρυσός Οδηγός	**Yellow Pages**
χταπόδι (το)	**octopus**
χτένα (η)	**comb**
χτες	**yesterday**
χυμός (ο)	**juice**
χυμός λεμονιού	**lemon juice**
χυμός πορτοκάλι	**orange juice**
χώρα (η)	**country**

α	A
β	B
γ	Γ
δ	Δ
ε	E
ζ	Z
η	H
θ	Θ
ι	I
κ	K
λ	Λ
μ	M
ν	N
ξ	Ξ
ο	O
π	Π
ρ	P
σ ς	Σ
τ	T
υ	Y
φ	Φ
χ	X
ψ	Ψ
ω	Ω

χωριάτικο ψωμί (το)	**bread** *(round, flat loaf)*
χωριό (το)	**village**
χωρίς	**without**
χωρίς εισπράκτορα	**exact fare**
χώρος (ο)	**area ; site**
αρχαιολογικός χώρος	**archaeological site**
ιδιωτικός χώρος	**private**
χώρος σταθμεύσεως	**parking area**
χώρος υποδοχής	**reception area**
ψάρεμα (το)	**fishing**
ψάρι (το)	**fish**
ψαρόβαρκα (η)	**fishing boat**
ψαρόσουπα (η)	**fish soup**
ψαροταβέρνα (η)	**fish tavern**
ψημένος/η/ο	**cooked ; roasted**
ψησταριά (η)	**rotisserie**
ψητός/ή/ό	**roast**
ψιλικά (τα)	**haberdashery**
ψωμάκι (το)	**bread roll**
ψωμάς (ο)	**baker**
ψωμί (το)	**bread**
ωθήσατε	**push**
ωτοστόπ (το)	**hitchhiking**
ώρα (η)	**time**
ώρες επισκέψεως	**visiting hours**
ώρες λειτουργίας	**opening hours**
ώρες συναλλαγής	**banking hours**
της ώρας	**freshly cooked** *(food)*

α	A
β	B
γ	Γ
δ	Δ
ε	E
ζ	Z
η	H
θ	Θ
ι	I
κ	K
λ	Λ
μ	M
ν	N
ξ	Ξ
ο	O
π	Π
ρ	P
σς	Σ
τ	T
υ	Y
φ	Φ
χ	X
ψ	Ψ
ω	Ω

Meel ate
angleeka

The Collins *Phrase Book & Dictionary* series includes:

French

German

Greek

Italian

Japanese

Portuguese

Russian

Spanish

Practical, comprehensive and easy-to-use, the Collins *Phrase Book & Dictionary* gives you the right word and phrase for every holiday situation.

Includes unique Streetwise tips.

The Collins Complete Language Pack series
(containing Phrase Book and cassette) includes:

French

German

Greek

Italian

Japanese

Portuguese

Russian

Spanish

A handy, easily portable pack for use at home, in your personal stereo or in the car.

A guide to how the phrases sound and how to pronounce them, including useful tips when visiting abroad.

Other *Phrase Finders* in the Collins Gem series:

Dutch
French
German
Italian
Spanish

All these titles are available from your local bookseller or can be ordered direct from the publishers.

In the UK, contact Mail Order, Dept 2M, HarperCollins Publishers, Westerhill Rd, Bishopbriggs, Glasgow, G64 2QT, listing the titles required and enclosing a cheque or p.o. for the value of the books plus £1.00 for the first title and 25p for each additional title to cover p&p. Access and Visa cardholders can order on 041-772 2281 (24 hour).

In Australia, contact Customer Services, HarperCollins Distribution, Yarrawa Rd, Moss Vale 2577 (tel. [048] 68 0300). **In New Zealand**, contact Customer Services, HarperCollins Publishers, 31 View Rd, Glenfield, Auckland 10 (tel. [09] 444 3740). **In Canada**, contact your local bookshop.

All prices quoted are correct at the time of going to press.